"EL JUGLAR Y LA DOMADORA" Y OTROS RELATOS DESCONOCIDOS

CÁTEDRA JAIME TORRES BODET

CENTRO DE ESTUDIOS
LINGÜÍSTICOS Y LITERARIOS

CÁTEDRA

**SERIE LITERATURA MEXICANA
CÁTEDRA JAIME TORRES BODET I**

**CENTRO DE ESTUDIOS
LINGÜÍSTICOS Y LITERARIOS**

"EL JUGLAR Y LA DOMADORA" Y OTROS RELATOS DESCONOCIDOS

Jaime Torres Bodet

Recopilación y prólogo de Luis Mario Schneider

EL COLEGIO DE MÉXICO

Ilustración de la portada: *La dama del abrigo*
                              de Ernesto *El Chango* García Cabral
Diseño de portada e interiores de Mónica Diez Martínez

Primera edición, 1992
D.R. © El Colegio de México
        Camino al Ajusco 20
        Pedregal de Santa Teresa
        10740 México, D.F.

ISBN 968-12-0510-3

Impreso en México/*Printed in Mexico*

ÍNDICE

PRESENTACIÓN

A LA SERIE LITERATURA MEXICANA DE LA CÁTEDRA JAIME TORRES BODET

Con "*El juglar y la domadora*" *y otros relatos descono-cidos,* de Jaime Torres Bodet, texto editado por Luis Mario Schneider, iniciamos en el Centro de Estudios Lingüísticos y Literarios la "Serie Literatura Mexicana" de la Cátedra Jaime Torres Bodet.

Esta serie tiene un profundo significado pues en ella confluyen y se consolidan grandes ideales. Algunos se remontan a los orígenes mismos de El Colegio de México, con Alfonso Reyes. Su apasionada vocación por las letras le imprimió un sello indeleble a la nueva institución, en donde el estudio de la literatura fue concebido como uno de los pilares fundamentales de su estructura.[1] Más tarde, al darle forma y realidad tangible al proyecto de Reyes, surgió en 1947 el Centro de Estudios Filológicos —hoy nuestro Centro de Estudios Lingüísticos y Literarios—, con la doble tarea de la enseñanza y la investigación de las letras hispánicas.

Pasados los años, y ya con una sólida y reconocida trayectoria en el hispanismo, en 1975 el Centro de Estu-

---

[1] Clara E. Lida y José Matesanz, *El Colegio de México: una hazaña cultural 1940-1962*, México, El Colegio de México, 1990, pp. 60-61, 231-232 (Jornadas, 117).

dios Lingüísticos y Literarios recibió un nuevo aliento de fuerza y vitalidad al crearse la Cátedra Jaime Torres Bodet. La Cátedra surgió con un objetivo esencial: mantener vivos los ideales de Jaime Torres Bodet, el gran literato, educador y diplomático mexicano. El espíritu humanístico que dio vida a El Colegio de México se renueva con la herencia de Torres Bodet.

> Más que poeta, narrador y ensayista (y en estos tres campos sus méritos no son pequeños), Torres Bodet es un humanista, el humanista más consecuente que ha producido México después de Alfonso Reyes.[2]

Con la Cátedra Jaime Torres Bodet, la tradición hispanista de nuestro centro rescata[3] y fortalece una vertiente riquísima, venero inagotable: la literatura mexicana. Hablar de Jaime Torres Bodet significa también hablar de la literatura mexicana, estudiada con pasión y compromiso intenso, a través de sí misma y de otras literaturas que la

[2] Emmanuel Carballo, *Protagonistas de la literatura mexicana*, México, Ediciones del Ermitaño/Secretaría de Educación Pública, 1986, p. 269 (Lecturas Mexicanas, segunda serie, 48).

[3] Baste mencionar algunas de las primeras publicaciones de El Colegio de México para ver su arraigo en los estudios críticos y de creación de literatura mexicana. Alfonso Reyes, *Pasado inmediato y otros ensayos*, 1941, *El deslinde. Prolegómenos a la teoría literaria*, 1944, *Entre libros, 1912-1923*, 1948, *Visión de Anáhuac (1519)*, 1953; Vicente T. Mendoza, *Lírica infantil de México*, 1951; Carlos Pellicer, *Recinto*, 1941; Juan José Arreola, *Varia invención*, 1949; Octavio Paz, *Libertad bajo palabra*, 1949, *Semillas para un himno*, 1954. (*Cf.* C. E. Lida y J. A. Matesanz, *op. cit.*, pp. 344-346.) Posteriormente, Yvette Jiménez de Báez y un grupo de especialistas en literatura mexicana realizaron estudios en el Centro de Estudios Lingüísticos y Literarios sobre narrativa contemporánea, plasmados en varias tesis doctorales y en publicaciones sobre José Revueltas, Juan Rulfo, Juan José Arreola, Carlos Fuentes, Rosario Castellanos, José Emilio Pacheco, Jorge Ibargüengoitia, Salvador Elizondo.

enriquecen; literaturas encalladas en lo universal, en lo humanista.

Por todo esto, iniciar la "Serie Literatura Mexicana" con una recopilación de relatos y cuentos de Torres Bodet no es fortuito. Es un testimonio de admiración y gratitud; es imprimirle a la serie un rasgo distintivo, que busque, al igual que Torres Bodet, recorrer todos los campos del quehacer literario dentro de una "tradición mexicana de sobriedad y transparencia".[4]

> Sobriedad es la nota característica de Torres Bodet... Su prosa, ávida de descubrir lo misterioso poético, devuelve a la vida el tono de un paisaje, la escondida música de la espuma o el color de un sentimiento, con las manos suaves de un estilo recatado y discreto: mexicano.[5]

Con este rasgo distintivo y ciñéndonos al significado llano de la palabra serie ("conjunto de cosas que se siguen"), deseamos que la "Serie Literatura Mexicana", que aquí se inicia, sea un conjunto de ediciones, estudios críticos, obras de creación que se continúen armónicamente en la originalidad, en el retorno a las fuentes primarias, en la recreación del pasado, en el conocimiento de lo genuinamente mexicano. Que se pueble de estudios de nuestras letras desde lo prehispánico hasta nuestros días.

REBECA BARRIGA VILLANUEVA
Directora del Centro de Estudios Lingüísticos y Literarios

---

[4] José Luis Martínez, *Literatura mexicana siglo XX, 1910-1949*. México, Consejo Nacional para la Cultura y las Artes, 1990, p. 47 (Lecturas Mexicanas, tercera serie, 29).

[5] *Ibid.*, p. 206.

JAIME TORRES BODET:
NARRATIVA RELEGADA

Paralizar la veleta en una tempestad es un riesgo y una desobediencia. Creer que el movimiento no existe es una torpeza y una herejía y aun la metafísica no ha dejado de nombrarlo sin detenerlo, porque el análisis, el concepto, en fin, la palabra, siguen siendo una retórica. ¿Qué puede hacer el crítico cuando su instrumento comparte también las clasificaciones que estatizan, que fija arbitraria pero inocentemente un proceso estético? El drama es evidente, menos mal que el hombre vive de convenciones y hemos aceptado que la crítica es una aspiración al orden, otra utopía hacia la solución, hermana gemela de la poesía aun cuando ésta suele destruirse fragmentada en las redes del enjuiciamiento.

Alusivamente detengo la veleta para observar que en los años veinte de este siglo, la literatura mexicana se reparte sobre cuatro puntos cardinales.

Primero están los Colonialistas, prolongando una corriente de vieja prosapia que circuló sin sonrojos en *México a través de los siglos,* como lo bautizó Vicente Riva Palacio. ¿Quiénes eran Artemio de Valle Arizpe, Francisco Monterde, Julio Jiménez Rueda, Luis González Obregón, Genaro Estrada, sino los últimos parientes de los cronistas,

15

de los poetas, de los dramaturgos, de Bernardo de Balbuena, de Sor Juana, de Carlos de Sigüenza y Góngora, de Juan Ruiz de Alarcón y hasta de los anónimos satíricos? Literatura adormecida en la trasnoche del tiempo que fue muriendo muda sin pena ni gloria en una atmósfera sobrenatural y cristiana del reino de los cielos o en los episodios de capa y espada de la conquista y la colonización.

Ahí está, en una segunda dirección, el Realismo Naturalista de Pedro Castera, de Heriberto Frías, de José López Portillo y Rojas, de Ángel de Campo, de Rafael Delgado, de Federico Gamboa revivificados ahora en las novelas y biografías literarias de Mariano Azuela, de Rafael F. Muñoz, de Martín Luis Guzmán. Narraciones vitalistas redescubridoras de una violencia congénita que se prolonga todavía hoy en metamorfosis estructurales y que sirven de documentos a rastreos psicoanalíticos del ser nacional y de confrontación al sistema político.

En otra orientación se encuentran los gesticuladores, los miméticos de la avanzada cosmopolita, los que se pliegan a las novedades de última hora, desesperados por la innovación y la originalidad, agresivos y negando que la estética implica de cierta manera una ética en el tiempo. El Estridentismo, la vanguardia mexicana conducida por Manuel Maples Arce, por Germán Lizt Arzubide, por Luis Quintanilla, por Arqueles Vela, por Salvador Gallardo, tuvo su estrategia y al fin, como todo vanguardismo, como todo gesto, falleció por su propia incertidumbre, pero confiada, irrefutablemente, en la puerta que dejaron entornada para que se pudieran filtrar nuevas experiencias de la palabra.

Por último, el cuarto punto cardinal retiene la inextinguible presencia del Modernismo de Salvador Díaz Mirón, de Amado Nervo, de José Juan Tablada, de Enrique González Martínez, que va madurando en el posmodernismo de Ramón López Velarde y que generará los juegos y los malabarismos de la literatura pura, abstraccionista, de la poesía, de las novelas, del ensayo y del teatro del grupo de Contemporáneos. Inteligencia y artificio, la inteligencia como materia, el juego mental como un fin en sí mismo, definen esta postura que logró cernir la pasión emotiva en llama conceptual. Literatura de escritores cultos, de lectores profesionales y selectivos de la gran poética en prosa o en un verso de la estética universal, que no solamente se jactaban de pertenecerle, sino que la asimilaban hasta la barroca desnudez.

La poesía y el ensayo crítico consolidan a los Contemporáneos, casi los atan el teatro y la crónica, quizás los desuna la novela. Tres narradores, Xavier Villaurrutia, Salvador Novo y Gilberto Owen, experimentaron la novela breve una sola vez en plena juventud. El más terco de todos, Jaime Torres Bodet, quien durante quince años perseveró con seis obras en la ficción: *Margarita de niebla* (1927); *La educación sentimental* (1929); *Proserpina rescatada* (1931); *Estrella del día* (1933); *Primero de enero* (1935); *Sombras* (1937), y *Nacimiento de Venus y otros relatos* (1941). Quizás también por ser el más viajero del grupo, el más internacional, prefirió publicar sus relatos en el extranjero con la excepción de los dos últimos, que se editaron en México.

Si la literatura, como todas las manifestaciones culturales, es alternativa que la historia presiona y posibilita, Jaime Torres Bodet dio testimonio de su quehacer narrativo resumiendo sus predilecciones, que por otra parte eran las mismas a las que había llegado un buen grupo de los escritores de la primera posguerra mundial. Una preferencia que además consideraba la dualidad y el debate ya clásico entre arte puro y arte comprometido.

La primera teoría se concretizó en los libros *Plegaria y poesía* y *De la poesía pura* (1926) del abate Henry Bremond. Su tesis fascinante y novedosa parte de la catarsis aristotélica que entiende que es por medio de la mística como se encuentra el camino hacia la reflexión, hacia la meditación pasando a seguidas a la contemplación. Reemplazar la acción intelectual por el movimiento de lo más esencial del alma. De esta manera puede lograrse el enlace profundo del espíritu con la realidad.

La literatura comprometida que comienza a debatirse en los años inmediatos a la Revolución de Octubre en Rusia, pero que se concretó como mandato oficialista. hasta el Primer Congreso de Escritores Soviéticos (1932), postulaba todo quehacer cultural no como un fin del conocimiento, sino como una muletilla más en el combate de la lucha de clases.

Ya en lo particular, Jaime Torres Bodet respira esa contienda de temperatura de época, pero por sobre todo congrega a su propio debate el impacto que le producen las opiniones vertidas por Ortega y Gasset en sus libros de 1925. *La deshumanización del arte* e *Ideas sobre la novela*. Sacudimiento que justifica innegablemente su recopilación de ensayos *Contemporáneos* (notas de crítica) aparecido en 1928. Ahí, y en clave para el entendimiento de toda su obra narrativa, en "Reflexiones sobre la novela", Torres Bodet, apoyado en Gide, se adhiere al género, considerándolo definitivamente como un problema de arte, de arte puro y no como una cuestión de vertebración lógica. La finitud propuesta por Ortega lleva a Torres Bodet a resumirla como otra opción naturalista y rechazar por ello el término de "decadente" porque para él al género no se le ha enfocado dentro de la "forma literaria pura". Porque no se indagaron las posibilidades de:

> Penetrar los fondos más sutiles de la conciencia, mediante una serie de escenas insistentes —de experiencias de memoria— en que el artista enfoca el campo de las expresiones inferiores, el mundo de los actos pequeños y encuentra ahí con la misma malicia que es en Freud, un defecto, la flor de la intención oculta en que la acción y el pensamiento se resuelven.
>
> Por mucho que descienda en esta investigación, la novela no correrá el peligro de convertirse en psicología pura, puesto que, como obra de arte, hará coincidir con estos recursos del *suprarrealismo*, una síntesis y una armonía de emoción que no se descubren, por ninguna parte, en la ciencia y que son, exclusivamente, el rédito de la belleza.

Cita que lleva en conclusión el descubrimiento de las intenciones, de los propósitos mismos que Torres Bodet ha asimilado en sus conquistas narrativas y que puede completarse en su aspiración de que "Una novela perfecta sería aquella que nos hiciera morir por asfixia de la realidad", o mejor aún el tránsito de la diversión al interés.

"Reflexiones sobre la novela", al igual que los otros ensayos que completan *Contemporáneos*, que escribió alrededor de sus veinticinco años, señalan a un Torres Bodet como lector meditativo de la literatura universal y de la más actual de la renovación europea, preocupado por su propia creatividad. Actitud que permite deducir que su narrativa responde a íntimas interrogaciones y que al mismo tiempo anula toda diletancia, toda improvisación.

Acercarse a las obras de invención de Torres Bodet es gozar además de su entrañable lirismo, de estructuras temporales y espaciales resultantes de concretas meditaciones, de sólido oficio de escritor. Por sobre todo, de una lúcida conciencia de los mecanismos de la prosa moderna que lo sitúan, quizás, como el primer novelista mexicano en experimentar nuevas formulaciones.

Coincido plenamente con Merlin H. Foster,[1] el primero en estudiar sistemáticamente la producción narrativa de Torres Bodet, cuando asevera tajantemente:

> En México de hoy nadie se asombra de las novelas de Torres Bodet, y en verdad, para un lector de escritores como Rulfo, Fuentes, Elizondo y Sainz, estas novelas tienen cierto sabor preciosista y mustio. No obstante, parece indudable que su moderado experimentalismo ya sugería ciertas innovaciones estructurales y narrativas años antes de que dieran fruto en el desarrollo actual de la novela mexicana.

Conclusión que incontrovertiblemente tiene que ver más con las injusticias, con el olvido de los tiempos de la cultura, omisión inconsciente en que suelen caer los escritores, repetitiva fatalidad que en algún plazo los envolverá.

La obra narrativa de Jaime Torres Bodet nunca fue

---

[1] Merlin H. Foster, "Las novelas de Jaime Torres Bodet", *La palabra y el hombre*, Xalapa, Ver., Vol. IX, Núm. 34, pp. 207-212; Rep. en *Ensayos contemporáneos sobre Jaime Torres Bodet* (Compilación de Beth Miller), México, UNAM, 1976, pp. 61-72. Anteriormente se ocuparon de la narrativa de Jaime Torres Bodet José Luis Martínez, "Su vida y su obra", en *Jaime Torres Bodet en quince semblanzas*, México, Ediciones Oasis, 1965, pp. 19-24, y Antonio Castro Leal, "El escritor", *Idem*, pp. 35-46. En fechas recientes: Estelle Irizarri, "El vanguardismo humanístico de los cuentos de Jaime Torres Bodet", en *Ensayos contemporáneos sobre Jaime Torres Bodet* (Compilación de Beth Miller), México, UNAM, 1976, pp. 18-42, y Guillermo Sheridan, en "Los poetas en sus relatos", en *Homenaje Nacional a los Contemporáneos*, México, Instituto Nacional de Bellas Artes, 1982, pp. 5-11.

reeditada hasta que Rafael Solana la reunió en dos volúmenes en 1985.[2] En esa recopilación quedaron fuera un buen número de cuentos que hoy agrupo con el título de uno de ellos, *El juglar y la domadora*, denominación subjetiva, puesto que sin definir el conjunto alude a la imaginación del escritor.

Todos ellos, en total nueve, aparecieron en distintas épocas y en diversas revistas nacionales y extranjeras. El interés de este hallazgo deambula en dos direcciones: la primera, aportar nuevos elementos para el análisis totalizador de la producción de Torres Bodet, y, la más significativa, mostrar a través de esos relatos el paralelismo con los cambios detectados ya en su novelística.

¿Por qué Jaime Torres Bodet no incluyó en su único libro de cuentos, *Nacimiento de Venus y otros relatos*, estos escritos dispersos en la prensa periódica, cuando algunos de ellos guardan la tónica de los presentados en ese volumen, como por ejemplo "Insomnio"? Tal vez la válida respuesta, dada la calidad de estos últimos, sea simplemente el olvido en un hombre de una gran actividad extraliteraria.

Significativo es "Avenida", publicado en *Revista de Revistas* el 18 de abril de 1926, por dos razones. Históricamente es el primer relato realizado por Jaime Torres Bodet y porque de su lectura se desprende una irrebatible adhesión al Estridentismo en esa carencia de argumentación alrededor de un personaje femenino idealizado, y por su lenguaje. Lenguaje de descripción ambiental, cargado de transitares callejeros, de vértigos automovilísticos, de reflejos de luces nocturnas, de estrépito y

---

[2] Jaime Torres Bodet, *Narrativa completa*, prólogo de Rafael Solana, México, Colecciones EOSA, 2 Vols., 1985.

movimiento. Asombrosa afinidad entre "Avenida" y "La señorita Etc.", del estridentista Arqueles Vela.

Tres años después de "Avenida", en *El Ilustrado*, el 7 de febrero de 1929, aparece el relato "Retrato de un estudiante" que testimonia a la vez un cambio radical en la cuentística de Torres Bodet. Abandonando el consabido estilo vanguardista, se introduce en los terrenos de la psicología para plantear el mundo de la adolescencia en sus conflictos de ansiedades y frustraciones, en sus camaraderías y en esa contienda de amor y rechazo a las conductas paternas. En definitiva, una estampa de introspección retomada con base en recuerdos, en vivencias, quizás autobiográficas.

En ese mismo año, en el mes de julio, en la revista *Contemporáneos* aparece "Comprobando Toledo". Un texto extraído de una experiencia personal en donde se contrapone la imagen de una ciudad pensada, imaginada, con la comprobación real. La narración es un soliloquio durante el viaje por tren a esa ciudad, condicionado a un repaso de lo gótico a través de reencontrar en el ambiente y en sus compañeros de viaje una síntesis y a la vez una analogía entre el pasado y lo actual. Alarde de erudición que le permite hermanar a esos tipos anodinos con el repertorio de personajes inscritos en una plástica del pasado universal. Exacerbación en donde la hipérbole mental no llega a ser superada por el conocimiento palpable.

También en 1929, en septiembre y en *Contemporáneos* se publica "Invitación al viaje", de idéntica concepción que la anterior: plantea ese paralelismo entre la supremacía de la vida pensada y la existencia real. Una existencia que jamás superará el goce, la pasión cerebral y sentimental que producen los actos ubicados en la conciencia pura. La maqueta de un trasatlántico, mientras espera a una mujer soñada, le sugiere viajes y encuentros con personajes célebres o anónimos.

Al margen de la historia misma, el aporte que hace Torres Bodet en "Invitación al viaje" y que lo conecta definitivamente con "El juglar y la domadora", publicado en *Revista de Revistas* el 20 de abril de 1930, es esa inmersión estructural de espacios y tiempo que cae en el territorio del mito. Quizás no sería aventurado afirmar que Jaime Torres Bodet es el primer escritor mexicano que se introduce en la teoría del Realismo mágico. Más evidente en "El juglar y la domadora", donde un monje de uno de los vitrales de Nuestra Señora cobra vida y se transforma en un malabarista lanza puñales, en las ferias en el siglo XIII, para posteriormente trastrocarse en el legendario Guillermo Tell del XIV y, ulteriormente, en un brinco vertiginoso, caracterizarse en el simple Óscar de un circo actual. Uno y tres hombres que en la ahistoricidad revelan una idéntica idiosincrasia, una igualdad de deseos, una identidad donde se destierran espacio y tiempo.

"La visita",[3] dado a conocer en la revista *Imán* en abril de 1931, formula una diferencia radical con los relatos anteriores. Es esencialmente un texto afirmado en la vida posrevolucionaria de México, en la relación entre un típico general despótico y libertino con un subordinado que eligió vivir en la tranquilidad de su hacienda y el hogar. El asunto transcurre entre el anuncio de la llegada de *el Coyote* y la perturbación que esa visita le produce al pacífico campesino. El impacto, el recuerdo, la memoria, lo obnubila en el trayecto de su casa a la estación, lo

[3] Mi agradecimiento a James Valender, maestro e investigador de El Colegio de México, por el obsequio de este cuento.

conduce a la muerte aplastado por el propio tren que llevaba al militar.

"Galería nocturna", publicado en *Revista de Occidente* en 1932, dice al pie de página "Fragmento de la novela *Condenado a vida*, próxima a aparecer". ¿Era una obra en proceso de escritura? ¿Torres Bodet se arrepintió de hacerla pública? Supongo más bien la primera hipótesis porque la novela *Estrella de día*, aparecida en 1933, en fecha posterior al relato, nada tiene que ver con este texto, por otra parte de dimensión barroca. Episodio de una mujer integrante de una academia de baile que una noche, con la esperanza de cambiar de vida, de salirse de la rutina, vive dualidades psicológicas en ese pseudo club.

Otra revista española, *Los cuatro vientos*, recoge, en abril de 1933, "Interior", que aparece como una narración autónoma cuando en definitiva el texto, aunque con algunas modificaciones, es un fragmento de *Estrella de día*. La mudanza más visible está en el párrafo final, cuya simple intención era redondear un episodio lógico en la obra de largo aliento, pero carente de sentido en esta individualidad. Es el instante en que el personaje Ernesto vive su indefinición ética, presionado por los caracteres opuestos de doña Carlota, su madre, y don Timoteo, su padre. La inserción de este texto no es arbitraria, por sí solo tiene vida, unidad, autonomía.

Una de las características de la ficción en Torres Bodet es la repetitiva nomenclatura, el parvo repertorio para los nombres de sus personajes a través de toda su narrativa. Así aparecen Margarita, Mateo, Susana, Zimmer, etcétera. En "Insomnio", editado por *Letras de México*, con ilustraciones de Agustín Lazo, el 15 de enero de 1937, la protagonista se hermana con el personaje central de la novela *Sombras*. Doña Eulalia presenta el carácter de una mujer

enérgica aunque de aparente suavidad, y su vida transcurre en un ambiente nocturno, en reflexiones de duer-
mevela a pesar de algunas diferencias que atienden más
a una organización extensa que a la síntesis exigida en
un cuento. ¿Sería de más conjeturar que acaso "Insomnio"
fue un capítulo desechado de *Sombras?* Nada extraño en
el oficio de un escritor; la literatura está llena de esos
rechazos.

Hasta aquí la presentación de estos relatos descono-
cidos de Jaime Torres Bodet, que sin duda colaborarán
a elucidar la obra de un escritor puntual y puntal de la
literatura contemporánea y experimental en México. Con-
génito poeta cuyo lirismo se traslapa y se enlaza a la prosa
creativa hasta fecundar en un estilo de hondura estética,
de introspección humana en la vigilia, el sueño y la memoria.

Luis Mario Schneider
Malinalco, 17 de enero de 1992

NOTA A LA EDICIÓN

Para la publicación de estos relatos desconocidos de Jaime
Torres Bodet se siguió el orden cronológico, detallándose, al empezar
cada uno, la respectiva ficha hemerográfica.

Se ha optado por no hacer correcciones ortográficas por el simple
criterio de que todos ellos conserven su autenticidad de época.

AVENIDA

AVENIDA

La conocí en México una tarde de marzo. El alto del semáforo había descompuesto, de pronto, todos los coches de la Avenida Juárez para dar paso a la calle de San Juan de Letrán que caminaba, retratada a medio cuerpo, en el cristal de los parabrisas. La sombra se hacía densa en las esquinas y la luna, bola de nafta, trataba en vano de preservar de la polilla del tiempo la lana espesa de las nubes.

Queriendo llegar más de prisa que el aire a la otra acera de la avenida, apresuró el paso y los claxons le formaron valla a los acordes de una marcha triunfal. Las luces de los reflectores bailaron sobre la seda de su traje negro y una —más lenta que las otras— quedó prendida a sus espaldas, en collar de ópalos.

Frente al cabaret de moda, la onda lasciva de un fox-trot se enlazó a su cintura. Se entregó a su halago con tan viciosa complacencia que sentí el valor de seguirla. Jugué, por espacio de varios minutos, con ella dejando que la encendieran y apagaran alternativamente, como un anuncio en movimiento, las luces de los apara-

Revista de Revistas, México, 18 de abril de 1926, pp. 15 y 45.

dores y la sombra de los muros. La estela de su aroma me penetraba hasta los huesos y sentía los nervios luminosos, dibujados en fósforo, como las manecillas de un reloj.

Cuando la detuve, las frondas de la Alameda, en ronda de vigilantes nocturnos, se habían echado ya sobre nosotros. Mis primeras palabras la hicieron sonreír. Dulce, húmeda sonrisa la suya, en que todo su cuerpo se hacía blando, jugoso, tibio, como el caramelo de celuloide que los amantes de cine se pasan de boca a boca en los besos Paramount.

Caminé junto a ella. Me aliviaba su compañía. Pensé entonces —lo había de confirmar más tarde— que era menos peligroso sentirla que adivinarla. Pero ¿con qué mujer no sucede otro tanto?

Fueron palabras inútiles las nuestras. No sabían a nada en mis labios. Repetí varias veces: *Dispénseme usted.* Lo que menos me importaba es que quisiera dispensarme. Hubiera preferido que desapareciera entre los árboles, como los espectros en las tragedias de Shakespeare, cuando no tienen ya nada qué decir y se convierten en un estorbo para el espectador. ¡Oh, si se hubiera ido convirtiendo en mármol, para poder tocarla a mi antojo, lejos de la envidiosa vigilancia de la policía, como hacen esos pobres diablos con las estatuas de los jardines públicos! ¡Cometer con ella una de esas modestas monstruosidades que, hechas agua las bocas, comentan los alegres psicólogos del instinto sexual!

Bajo nuestros pies se enrarecía cada vez más el césped y pronto echamos tan hondas raíces en el cemento de la acera que cualquier paseante hubiese podido desarticularnos los dedos, las manos, los brazos, como se arranca las ramas secas de un árbol.

Era tan verde la sombra que el aire debía estar lleno de clorofila. La luna acuñaba, de un solo lado, en monedas de plata, las hojas redondas de los álamos y hubiéramos podido permanecer allí indefinidamente, sin voz, tanto tiempo por lo menos como un buen aparato de radio.

No sonreía sino al hablar. Era de esos personajes para quienes el silencio es una realidad trágica. La desnudaba por completo. Tal vez por eso nos sentíamos ya tan familiares que teníamos el aspecto conyugal de una pareja en pijama.

Se despidió de mí con cierta dificultad. ¡Su léxico era tan pobre! No tenía palabras sino para expresar emociones absolutas, definidas, de un solo color. Pensé que así eran los poetas románticos y recordé con melancolía que Verlaine había puesto de moda —¿hace cuántos años?— dos o tres escenarios ambiguos, dos o tres romanzas sin palabras que habían asesinado a la elocuencia. Cuando se alejó, llovía tristemente en la ciudad y en el corazón.

—"Mayo, 123". ¿Era el número de una calle o bien una fecha de la Primavera de los esquimales, que dura seis meses y nace y muere en un trineo? Estas palabras fueron las últimas que le oí. Estoy seguro que agregó algo que no puedo recordar. Empezaba a ser mía —¡oh, vanidad de adolescente!— puesto que el espejo de su voz comenzaba a empañarse de vaguedad.

Quedé largo rato sin saber qué hacer de mi cuerpo. La piel me ceñía una camisa de fuerza. Hubiérame puesto a bailar una danza sin sentido, pero, por desgracia, escribo versos abstractos, no hago nunca sport y mi primera novia la tuve a los dieciocho años. Encendí un cigarrillo y apunté, contra la luz de un farol, en letras de humo, la dirección embrujada.

31

Lo que no me impidió recordarla con precisión al día siguiente, cuando la última campanada de las nueve abrió las ventanas de mi memoria a la calle de la mañana. Iban y venían gentes que parecían haber empezado a vivir ayer. Alguien debía haber puesto en duda su existencia, pues hacían gestos excesivos para afirmarla. Como esos malos actores que presidieron al nacimiento del cinematógrafo, no esperaban el letrero de la película para aclarar sus intenciones ocultas. Antes las traicionaban con ostensible mímica. No escondían sino su inteligencia.

Una vendedora de frutas, aprisionada por la reja de mi balcón, hacía gestos desesperados por huír. Salvajes cazadores de osos, los árabes que venden en abonos todo lo necesario para hacer de una casa un *interior*, paseaban llevando a la espalda las pieles de sus víctimas. Las criadas del piso de arriba no lograban completamente romper las alfombras de sus amos, barriéndolas, pero se esforzaban con energías sinfónicas. El desayuno calmó mis nervios excitados y la conversación de Elsa, agridulce, redondita, infalsificable como una aspirina.

Serían aproximadamente las once, cuando la escalera me echó de la casa con el puntapié de su último peldaño, por la puerta de servicio. Con aplanadoras domesticadas, estaban encerando el *hall* y tuve que salir por donde llegan habitualmente las legumbres. No fuí a la oficina. A los veinte años se pone cierta dignidad en no cumplir con su deber. A los cincuenta se pone cierta indignidad en cumplirlo. Lo que, por otra parte, no es excusa ni de unos ni de otros.

Comí en un restaurant. Me sirvieron prestidigitadores. Hacían lo posible por quebrar la vajilla y sólo conseguían derramar una que otra gota de café. Los pasillos caminaban solos, como bandas transmisoras de un motor eléctrico y traían y llevaban a los oficiantes. Me sorprendió, entre otros, un hacendado de Torreón, arrodillado frente a un altar de crema Chantilly y de pastas finas que trataba de hacer honor al nombre de su ciudad natal.

Al salir, el sol amarillento hervía en la copa del aire como un sorbo de Chartreuse. Una ligera embriaguez apresuraba el ritmo de mis venas. Me parecía increíble tener solamente veinte años. Era tan dulce la vida que no podía haber madurado tan pronto. Las uvas, que tienen el azúcar más fácil que los nísperos, tardan por lo menos cuatro meses en la parra para alcanzar esa dorada perfección. ¿Y las colmenas? Pero la vida de las abejas no me interesa y Maeterlinck resulta un poco ingenuo con sus personajes que sufren, todos, delirio de persecución.

Todas las mujeres que crucé, al pasar, se parecían mucho a la que iba a ver. Eran como el dibujo al carbón de un cuadro al óleo. No sabía aún que se llamara Olga. Hubiera querido, eso sí, que no tuviera nombre de flor. No lo merecía ya. ¿Cuándo usarán las mujeres los nombres de las frutas a las que se parecen?

El día anterior había estado demasiado tímido con ella. Debí insistir en acompañarla. Debí retener su mano en la mía, descuidada. Pero ¿me había ella tendido la mano?... Venus tal vez era manca.

Se había enredado a mis dedos la cadenilla del timbre cuando me di cuenta de que aquel era el número 123. La casa estaba enjalbegada de blanco. Una de esas casas con aspecto de lechería, llena sin embargo de intensa vida interior. Se adivinaba los muros, las escaleras, los pasillos, como se toca los nervios, los huesos, las ideas de las personas muy delgadas. Las ventanas, hipócritas, ostentaban cortinajes oscuros.

Abrió la puerta una muchacha de quince años. Su

33

profesión era tener quince años. Tenerlos durante el mayor tiempo posible. Tenerlos siempre. Las mejillas, los ojos, el cuerpo de esa categoría de mujeres que tienen la obligación de hacer exclamar a los espectadores: —"¡Qué admirables quince años!" No me inspiró el menor deseo. Su lengua era excesivamente grande. No le cabía en la boca. Ocupaba el lugar de las palabras. Su charla acuosa, salivada, escurría como las gotas póstumas de una llave imperfecta. La detuve con un gesto y se vió obligada a precisar. Allí empezaron sus dificultades. Su ama expresaba admirablemente las situaciones bien definidas. Ella hacíalo todo equívoco, blando, escurridizo. Su dueña era clásica. Modernista ella. Una representaba la claridad meridional. Otra la bruma nórdica.

Estaría señalando aún diferencias entre ambas si la casualidad no hubiera surgido del reloj, como un cuco de madera. El reloj a que aludo era grande, excelente para ocultar a un amante entero, protegiéndolo de los efectos del tiempo y de las sorpresas de un marido celoso. El cristal que cubría su carátula brillaba con fulgores imprevistos. Me hubiera cegado. Por fortuna yo usaba entonces gafas negras y asistía al entierro de mis amigos. En un ángulo de la esfera luminosa que reflejaba la estancia y los últimos peldaños de una escalera de equilibrista, atravesando el aro inferior del número 8, me sonreía la propietaria.

—"Sube" dijo, anémica, su voz. El imprevisto tuteo me llenó de agilidad. Como la luz de las cinco, atravesando un tragaluz de cristales amarillos y verdes, inundaba el *hall*, subí varios escalones de amatista y otros varios de esmeralda. Otro día y no aquél hubiese temido quebrarlos.

Me recibió con una bata de seda trasparente gris,

bordada de pétalos de oro y hecha de una sola pieza, sin botones ni broche. Nunca se ponía —me lo aseguró más tarde— dos veces un vestido de casa y el amor, a falta de otra cosa, tenía que rasgar, noche a noche, esas túnicas. Había peinado sus cabellos en torre de ondulaciones fulgurantes. Pálidas por el deseo, sus sienes me parecieron enormes y demasiado blancas: merecían una corona. Había soñado en la tibieza de su piel. Era, al contrario, helada como las frutas del trópico que el sol, en vez de calentar, enfría. Su perfume me obturó todos los poros con cera virgen. Hubiera muerto de asfixia. Me salvaron sus ojos en que la córnea —¡quién sabe bajo qué altas presiones!— sintetizaba la luz en aire líquido. No hablamos más que por temor de callar y desgranamos las palabras como las uvas, después de un festín. Una, otra, rodaron al suelo y era delicioso oírlas morir.

Mis rodillas tocaban las suyas por momento y una chispa eléctrica me golpeaba la nuca. No sé por qué, mientras el cuerpo la deseaba, algo dentro de mí quería huir de ella, ala de abeja cautiva en su propia miel. Como le aseguré que no sabía bailar, conectó el receptor de su aparato de radio con la onda de Texas y todos los Estados Unidos se sentaron en la sala, agitando cocteles de alcohol de madera y coreando, con movimiento de hombros el refrán estúpido de un jazz. Quiso darme una clase de baile. Se deshizo de su apariencia de gran señora y me sentí tan inquieto como en una academia. Bailamos algunos compases. Sus senos contra mi pecho. Su aliento en mi oído. Con mano incierta me conducía al rincón de la sombra en que olían más las rosas y era más fácil amar...

RETRATO DE UN ESTUDIANTE

Y usted ¿aprendió el francés en México?

Junto a los suyos, José vió brillar en los ojos de Rafael una alegría diáfana de tres colores: azul, amarillo y rojo, los tres colores de las tres ventanas de aquel salón de Física en que la calvicie del profesor Gamboa se esforzaba inútilmente por crear la blancura de un nuevo disco de Newton.

Sobre una de las gradas más altas del anfiteatro, que daba a aquel salón de clases el aspecto de un parlamento sin quorum, José y Rafael se habían encontrado de pronto reunidos —sin quererlo— por uno de esos caprichos de la casualidad que en la adolescencia acusan siempre una intención oculta muy directa. Junto a ellos, la gradería ahondaba en maderas rojas, una perspectiva circular. Abajo, sobre los escalones, los grupos inconexos de los estudiantes colgaban en racimos. Aquí, allá, en una uva más espesa, en una frente dogmática, maduraba —rayo de miel— la estudiosa atención. En general, las lecciones del profesor Gamboa adelantaban media hora la siesta. Los bostezos perseguían de boca en boca la ilusión de

El Ilustrado, México, 7 de febrero de 1929, pp. 24 y 52.

un minuto perdido. A veces, una digresión del maestro los tejía en una sola languidez simultánea. Entonces se oía el ruido del gis sobre el pizarrón y el polvo blanco que caía de las cifras escritas sobre la madera del piso disolvía, en el aire, el sopor de un narcótico desaprovechado.

No era la primera vez que José advertía la admiración afable de Rafael Henríquez pero, hasta entonces, le había desagradado profundamente. No quería analizarla por temor de hallar en ella un poco del disimulado desprecio que los estudiantes ricos ponen siempre en estimar la labor resignada de los pobres. Su reputación de inteligencia, la brillante historia escolar de que se sentía precedido, le parecían súbitamente ridículas frente a la distinción natural —él decía: heredada— de Henríquez. A algunas insinuaciones anteriores había creído útil responder con irrespetuosos desdenes. Un día, al terminar de exponer, en Botánica, los defectos de la clasificación de Linneo, en vez de agradecer la felicitación que Henríquez se acercaba a ofrecerle, pasó junto a él sin mirarlo, haciendo un doloroso esfuerzo por no apartar la vista del marco de cuatro facetas que tallaba la oscura puerta de salida sobre el diamante duro del corredor.

Lo que agradecía ahora, en la pregunta de Rafael, no era el elogio de una virtud escolar —puesto que el francés no lo había cursado en la Preparatoria— sino la idea de que pudiese competir en un aprendizaje elegante con ese hijo de rico, que llegaba a la escuela en automóvil y veía el tiempo girar en su reloj de pulsera, con manecillas de oro dentro de una órbita de platino.

—Jamás he salido de México, contestó. Y para agradecer más efectivamente el cumplido, explicó a Henríquez el origen francés de su familia materna exagerando un poco la importancia de los hechos que citaba y subrayando con énfasis las consonantes exóticas de su apellido: Mock, como si hubiese tratado de obtener el primer premio de Historia General en una tesis sobre los reyes merovingios. Su pronunciación —demasiado nasal— disparaba las sílabas dentro de una especie de sonoridad cóncava, erizada de ballestas. Cuando acabó de hablar, Rafael tuvo la impresión de que el silencio había quedado convertido en una aldea gótica porque, José, semejante a una catedral del siglo XIII, terminaba todos sus períodos en punta.

Él sabía también el francés completamente, pero no bien lo hubo conversado, se avergonzó. De una blancura lechosa, su cutis tenía —como el de ciertas mujeres— reservas infinitas de rubor. En un segundo se tiñó de tal carmín espontáneo que José, por modestia, hundió sus manos en la nieve del cuaderno intacto y empezó a copiar ecuaciones del pizarrón. Poco a poco sintió que su compañero iba palideciendo. No lo veía pero lo sentía más seguro en sí. En él, como en los relojes que acompañan con trozos de música las horas, una pequeña vibración de engranajes ocultos, en señal de advertencia, anunciaba siempre el deseo de hablar. La mirada con que José quiso verificar su sospecha fue tan brusca que proyectó los números todavía frescos del problema sin resolver sobre la frente inclinada de su interlocutor. Una a una miró deslizarse a las cifras por ese declive. Después, mientras Rafael las hacía brotar de nuevo de su lápiz sobre el papel, pensando haberlas inventado, José se sintió muy fuerte, súbitamente solo. Hubiera querido interrumpirlo por la misma razón por la que, cuando de niño, lloraba desde su cama para no dejar que su madre se sumergiera antes que él en lo profundo del sueño. Por culpa de esos temores, sus amigos lo acusaban de egoísmo. Pero no, no eran sus amigos quienes lo acusaban, sino sus parientes, porque él no tenía en realidad un amigo. En la escuela primaria no había aceptado sino esclavos. Orgulloso de su inteligencia, de sus zapatos de charol y de los mapas que, para los exámenes de Geografía, su tía le ayudaba a dibujar sobre grandes trozos de pergamino, manejaba a sus compañeros como a un pueblo de súbditos. El profesor —un joven ambicioso de facciones geométricas cuyo rostro no hubiera cabido entero sino en un espejo cóncavo— alentaba en él estas actitudes de tiranía, porque había leído a Stendhal: *Le Rouge et le Noir*. Pero, en la Preparatoria, las cosas cambiaron radicalmente de aspecto. Como un provinciano lanzado de pronto al tumulto de la capital, José no descubrió sino desorden en aquel mar en que cada adolescencia era una ola enemiga. Se sintió perdido en un país en que los zapatos de charol no reflejaban sino su propio desconsuelo. De espejos de un bello mundo de imágenes inexpresivas se convirtieron en algo íntimo, oscuro, un poco malsano. Así fue como José descubrió las primeras angustias de la conciencia poseída. Al recordar la ruptura que precedió a su primer acto personal, José comprendía lo falso de toda creencia psicológica en la transición de los sentimientos. No, él al menos no había ido naciendo a minutos. Se veía primero como un niño estúpido, rizado con tenacillas por las manos orgullosas de su madre. Después sin saber cómo, de la oruga de aquel colegial que se frotaba las uñas sobre el paño de los pantalones para comunicarles un brillo efímero, había surgido en él el que ahora era un poco inclinado hacia adelante, por costumbre de escribir en mesas demasiado bajas, un poco triste de haber crecido dentro de los mismos pantalones cortos y de los mismos calcetines de hilo de Escocia sostenidos, a media pierna, por un delgado resorte de hule negro. ¡Cómo le molestaba esa intención familiar de prolongar artificialmente, en él, una niñez que creía muerta y bien muerta en sus actos y en su espíritu! Proscrito de los placeres de la madurez, José se refugió en el estudio. Trató de olvidarse de sí mismo. Naturalmente, no lo consiguió sino a fuerza de pensar en los demás. Día a día, durante el viaje de su casa a la escuela, repasaba las palabras con que se dirigiría a Efraín su compañero de la derecha en la clase de inglés, o a Lucas Méndez que disfrutaba de un nombre que está en los Evangelios sin otro mérito que el de haber visto a su padre —dueño de un pequeño restaurante en la Colonia Roma— realizar todas las noches, al cerrar el establecimiento, el milagro de la multiplicación de los panes. Entre todos, eran ellos quienes lo atraían con más violenta simpatía. A Lucas no le admiraba a trozos como a Efraín —de quien le disgustaba el apellido éuscaro: Arregoichavaleta—. Lo envidiaba por entero. Todo le parecía en él producto de un privilegio especial del destino: su inteligencia, sus alfileres de corbata, sus cadenas de reloj, su manera de pronunciar el inglés: la h aspirada antes de las voces fuertes, su peinado a raya, su primer diente de oro. La misma indiscreción que le había hecho saber el origen de la fortuna de los Méndez le pareció de un sentido impenetrable. Gracias a ella, había logrado presenciar el espectáculo de lo que significa, para los ojos, el comer en un restaurante. En cuanto supo el nombre del que administraba el padre de Lucas exigió al suyo —como recompensa de una mención especial en Álgebra— el ser conducido a almorzar un domingo allí. Hasta entonces, la comida había sido para José un acto exclusivamente familiar. El pan, el agua, los manjares perfectos y necesarios tenían todos —para él— un sabor de consejo, una amargura católica de sermón. El primer almuerzo fuera de su casa le enseñó a disociar ciertas ideas aparentemente inseparables. En vez del agua que su padre le hacía beber en casa, obtuvo ese domingo el derecho de probar el vino blanco que se alarga, como dedo de amatista, en el tallo esbelto de las copas. ¡Qué colores adquiere la luz dentro del diamante que el vino incendia y, al mismo tiempo, apaga! Sobre la mejilla curva del vaso veía su rostro adelgazarse o crecer súbitamente. El dibujo, grabado a fuego en el vidrio, lo segmentaba en dos continentes, estrecho y útil, como un canal. En Geografía, estos lugares en que la tierra se hace apenas perceptible se llaman con nombres que tienen —Panamá— el sabor de las aes frescas de la guanábana, o la ondulación rápida y el perfume denso de un cigarrillo turco: Suez. Otros, Gibraltar por ejemplo, no traen a la memoria sino recuerdos abstractos, fechas de historia, cifras y —dada la condición montuosa de su suelo— número de habitantes por arrecife cuadrado.

Al terminar la comida, José hubiese querido permanecer inmóvil, mudo, viendo caer los martillos aterciopelados de la pianola desnuda, como una bandada de pájaros blancos, azules, rojos, sobre los surcos de trigo de las cuerdas y desprender de ahí una cosecha de sonidos vulgares, sin otra hermosura que la mecánica de nacer y morir puntualmente, a plazos fijos. La embriaguez del vino nuevo lo había hecho descubrir el paisaje interior —red fluvial ahora cristalizada— de sus nervios, pero su padre, deseoso de agasajarlo completamente lo arrancó a la única dicha verdadera de su día de vacaciones para conducirlo al cine. Pagó la cuenta. Frente a la caja, un señor sin facciones, con las manos perdidas en guantes naturales de piel de paquidermo, los saludó. Su sonrisa declaró abierto un concurso de circunferencias dentro de la esfera total de su rostro. De sus ojos pequeños le escurría una mirada sensual, aceitosa, demasiado negra, de calamar en su tinta, en tanto que su boca hacía burla de los colmillos próximos con la ostentación de una doble y siempre roja tajada de mamey.

¡Qué trabajo para desprenderse de su primera admiración! Otros a esa edad, más precoces, se avergüenzan de adquirirlas. Él hubiese dado todo por no perderlas. Cuando oía la voz de falsete con que el Profesor Suárez —de Química— pronunciaba, al pasar la lista, el nombre de Lucas, veía dentro de sí, la faz sin contornos, el ojo breve, la sonrisa lustrosa de su padre, tras el mostrador. En vez de inspirarle admiración, Lucas empezó a infundirle lástima. Pero, a los quince años, la lástima no une, sino la envidia, el deseo, la curiosidad de los éxitos o de las cualidades que nos faltan. José buscaba un ejemplo.

No lo halló fácilmente. Con el desencanto, había adquirido la experiencia —esa terrible enemiga del entusiasmo— y, lo que había ganado su espíritu crítico, lo había perdido su fe. Todos sus compañeros le habían parecido demasiado sólidos. Le molestaba su misma calidad de persona, de entidades reales. ¿Cuándo se atrevería a confesarlo? Empezó a leer novelas. Aprendió de memoria algunos párrafos llenos de frases sentimentales. En vez de pensar en una mujer a quien dedicarlos, era siempre la figura de un amigo ideal la que creaba, con palabras inútiles, durante su soledad. Todos los jóvenes le parecían dignos de interés, menos los que trataba. De estos simulacros de su sensibilidad desviada volvía no obstante, siempre, sobre sí mismo con la constancia de un caballo de madera, arrebatado —y devuelto— por la

45

marea del carrusel. No tenía hermanos. Su madre era incapaz de perdonarle un cuarto de hora que no hubiese dedicado a la realización de un esfuerzo. Su padre vivía junto a él como la naturaleza muerta pintada en un cuadro de comedor vive junto a la fruta verdadera que la imita y supera en el platón de porcelana. Entre ellos sólo ciertas formas comunes establecían un parentesco lejano. La vida, la misma vida que estaba fabricando en él su azúcar, su corteza, su madurez y su viciosa fermentación, había endurecido, en el espíritu de su padre, una sucesión de valores plásticos cuyo único mérito —¡José hubiera sentido vergüenza de admitirlo!— era, exclusivamente, ornamental.

COMPROBANDO TOLEDO

Al penetrar en ese tren, oscuro y fresco del verano sin aire de la estación, todos llevábamos desnudo, en los ojos, el deseo de comprobarla: pieza de oro en la antología de los bedaekers, ciudad leída durante mucho tiempo, siempre asediada —nunca vencida— y ahora casi a punto de rodar, realmente madura, entre las pupilas sedientas con que la cercábamos.

En ninguno debió hallar, sin embargo, esta decisión un campo tan propicio como en mi impaciencia. Me lo dejó entender, desde luego, el desproporcionado interés con que mi llegada alteró la simetría de las inquietudes ajenas: larga sonrisa marchita de aquella dama de negro que apoyaba, con anacrónica indolencia, sobre un descote de Rubens —geográfico y otoñal— una cabeza frágil, inteligente y astuta de Leonardo; trémulo ir y venir de la mano con que su vecino —tan delicado y tan correcto que parecía siempre, por cortesía, haberse colocado a la derecha de sí mismo— repasaba, a cada minuto, el nudo breve de la corbata, con un sutilísimo tic al que sólo la lentitud hubiera podido comunicar el

Contemporáneos, México, núm. 14, julio de 1929, pp. 273-283.

prestigio de una elegancia cierta.

Pero, de todos los ademanes con que la avidez de la ciudad presentida se me iba revelando paulatinamente, ninguno tan firme, tan sugestivo y de significado tan próximo a la realización como el del jóven de vestido gris que, a dos asientos de la dama de negro, ojeaba, sobre el estrecho libro de notas, una larga serie de nombres en alemán, terminados todos en punta, catedrales de esa otra arquitectura gótica que persiste, burocráticamente estilizada, en las agujas, las almenas y las torres de su angulosa caligrafía medieval.

¿Por qué sutiles corrientes de simpatía esta circunstancia no me dejó imaginar —perdido entre el paisaje de aquellas cifras— otro asunto que el de la coincidencia que precisamente me afectaba? Las aprobó sobre todo, en aquel instante, la aridez de la luz que, por las altas ventanas de la hora sin frescura, caía —como de la claraboya de un calabozo— sobre los rostros enjutos de los viajeros, comunicándoles, en una semejanza cruel, el parecido de una familia de condenados a muerte. Y no era ése, en efecto, el aire de una verdadera familia; ni tampoco, el que estimula un parentesco físico entre los habitantes de una ciudad; ni, siquiera, el escultórico que liga las proporciones de una raza, sino otro —de estirpe deliberadamente artística— heredado por los semblantes de las mujeres y de los hombres que el procedimiento de un mismo pintor deformó a través del ángulo y de las acomodaciones de su estilo: el aire del Greco.

También apoyaba esa sugestión el ritmo lento de aquel expreso *allegro maestoso* de los ferrocarriles, detenido a cada instante por algo más denso que la lentitud y más delicioso que la pereza: ansia de regresión en el tiempo como la que arrebata el curso de la memoria en las memorias de Proust y, sin decidirla a pasar de un hecho a otro, perdiéndolo, o de una ciudad a otra, dejándola, la continúa durante una serie entera de peligrosas experiencias hasta formar, con su fatiga, de extremo a extremo de las cosas que describe, la curva de una escala inquebrantable, lógica, verdaderamente musical.

Impregnados de la misma solicitud, callábamos todos por no romper el prestigio de la ciudad invisible que, en una cita de toda la vida, a través de los años y de las circunstancias, nos había convocado a ese congreso de silencios y nos reunía, con el desencanto de una majestad demasiado desdeñosa, en el pasillo neutro de esa antesala de ferrocarril.

Los más avaros del tesoro que no nos creíamos capaces de poseer en común —al menos durante el paréntesis de esa mañana adusta— nos mirábamos ya unos a otros con recelo, temerosos del fragmento de ruinas que, dentro de un lapso que no podíamos adivinar, íbamos sin duda a arrebatarnos. Lleno de envidia, el enfermizo caballero del tic perseguía con la mirada la evidencia con que la kodak henchía ya, vanidosamente, el bolsillo de mi impermeable y tierna, hasta la protectora maternidad, la enlutada sonreía desde el avanzado proscenio de su descote a la ingenuidad de mi deseo desnudo. Toledana vieja ella, le inquietaba probablemente más ese pequeño impudor que no a mí la tranquilidad comestible de su garganta, fruto colgado —en plena madurez— de la rama aguda, fina, de su semblante de viuda parsimoniosa.

Avergonzados de esa promiscuidad, la idea de la menor posesión en común nos indignaba. Por eso sin duda callábamos, en un silencio tan poblado de aristas que nos hacía incómodo el declive de los asientos y educaba, en cada uno de nuestros músculos, un ademán, un gesto perdido, toda una alegre tropa de chicos impacientes, amaestrada por la rigidez del profesor.

Mientras tanto, el paisaje que devanaban los postes del telégrafo llenaba el rectángulo de las ventanillas con un azul inconfundible, culto, como el azul de esos óleos envejecidos, en un retablo de iglesia, sobre los encajes de las casullas y el parpadeo narcótico de los cirios. Destacadas en su resplandor, las vulgares cabezas de los turistas se habían convertido acaso por el privilegio de la misma aspiración artística que las afinaba, en verdaderas piezas de museo. Hasta el tic del caballero que la soledad iba adelgazando, por centésimos de segundo, junto al otoño magnífico en que la española holandesa atardecía, daba al conjunto un agrio tono de nerviosidad, en cuya vibración se adivinaba muy claramente el influjo del Greco realista de los retratos: delgada mano abstracta del siglo XVI, recogida por el pintor de entre los pliegues de una severa manga de terciopelo y extraviada —por el capricho del coleccionista— sobre la forma dura de esa corbata moderna a la que su caricia inventaba, con blanduras y ondulaciones, el follaje de una gorguera invisible. Y el billete mismo de ferrocarril, que por comodidad, asomaba su cifra entre la cinta y el fieltro del sombrero en que la prudencia lo había colocado ¿no era también, en cierto modo, como otra ficha de identificación insertada por el catalogador escrupuloso entre el marco y la tela de un cuadro célebre: *1078, El Greco, Retrato de un caballero desconocido?*

Rápidamente, el cansancio de la primera hora de viaje iba atenuando entre nosotros las fronteras. Perseguido de boca en boca, el bostezo, que nadie vió nacer en

ninguna, fué a refugiarse por fin en el rostro crédulo del
alemán y hundió por dos veces en él, como una bofetada
muda, un mismo puño de sombra. Afuera, el sol se hizo
amarillo y la escena pasó, grado por grado, de la torcida
esbeltez y las iluminaciones visionarias del Greco a las
penumbras íntimas y al severo dibujo de Zurbarán. Para
reproducir la cena de los discípulos en Emmaus ¿que nos
faltaba ya, a pesar de lo matinal de la hora, sino la presencia del Maestro y, sobre la mesa casi nocturna, la bella
torta de pan "recién violada" y los racimos de sol espeso,
endurecido en anchas gotas de miel?

A cada momento, sentíamos más próximas las nubes.
Un escalofrío del viento anunció la cercanía de la lluvia
en la cortina de los árboles abatidos, a uno y a otro lado
de la ruta, por el hachazo sordo de la velocidad. Como
el propietario de una galería perfecta, el tiempo nos hacía
recorrer así, en el breve entreacto del viaje y antes de
ofrecer a nuestra curiosidad la representación definitiva
de Toledo, todos los climas y todos los ambientes de la
gran pintura española desaparecida. Aguzada por esos
ensayos —en que cada uno de nosotros era, a la vez, el
crítico y el pintor— se iba precisando dentro de mí, de
modo cada vez más puro, la forma de las inquietudes
que me rodeaban. Y, con el mismo placer con que de
niño, al salir de la escuela, durante los largos viajes en
tranvía me ocupaba en imaginar —por el sólo aspecto
humilde, opulento o malicioso de los zapatos— la fiso-
nomía de los propietarios invisibles que me acompaña-
ban, así me distraje entonces en elegir, para cada uno de
mis viajeros de madera, el ambiente de la novela en que
me hubiera gustado describirlo y el fondo real o fotográ-
fico de Toledo sobre el cual, dentro de algunos minutos,
lo habría preferido reconocer.

Por lo pronto no me inquieta situar la silueta gótica del alemán de los apuntes, demasiado ausente él de cualquier época que no fuese, en sí misma, el erudito resumen de todas y demasiado seguro yo de hallármelo, al cabo de cualquier plaza, contemplando con esa gruesa lupa que sigue siendo la imaginación de los investigadores, el indescifrable arabesco de una arcada o la inscripción hereje del escudo morisco abandonado, por un inexplicable capricho de los hombres de la reconquista, entre los materiales cristianos del muro totalmente reconstruído.

Para problema de clasificación me interesaba más la dama de negro, tan complicada a primera vista y tan difícil de situar como ese género de cuadros en los que, durante una época que no podríamos precisar, algún pintor anónimo intentó un retoque incongruente: dolorosa Virgen de Memling, por ejemplo, exagerada más tarde, según la óptica generosa de los venecianos, hasta la plenitud —dorada plenitud de durazno— de una sensual princesa del Veronés.

Como su edad que, siguiendo la marea de sus expresiones, oscilaba entre los treinta años astutos de la Gioconda y los cuatro mil años ingenuos de la Reina Neferit Ra, sus facciones variaban, en el descote de exuberancia demasiado prolífica, y en la frente: estrecha frente de dama florentina sobre cuya blancura la forma domesticada de la toca de luto era ya el signo de una viudez tranquila, pero irremediablemente crónica.

Sin salir del vagón, me imaginaba yo a mí mismo ir y venir dentro de la Historia del Arte, con ese ejemplar difícil en los brazos, ansioso de dejarlo en cualquier época como, cansado de verlo, dejamos un día, en cualquier sitio, el feo busto de madera que nos ha cometido siempre el mal amigo escultor. ¡Y si, realmente, hubiera dispuesto

de la amplitud de la Historia del Arte para instalarlo! Pero
había de ser en el capítulo reservado a España y no en
otra región de España que en Castilla y no en otra ciudad
de Castilla que en Toledo y no en el Toledo cierto, real,
que mis ojos no conocían aún, sino en el Toledo abstracto,
duro, quebradizo, que las solas alusiones del deseo habían engendrado en mí; más eficaz, sin duda, que el
auténtico, pero, por eso mismo, más difícil de reemplazar
y más peligroso de corregir.

Atenuada por esta suavidad huidiza de sus caracteres
y sin una época bien definida de que asirse, mi atención
resbaló varias veces hacia la derecha y dió al fin, irremi-
siblemente, con el delgado caballero del tic. ¡Qué deliciosa impresión, entonces, de volver a pisar un suelo
conocido! Sin que otro que yo lo advirtiese, el ferrocarril
dejó de moverse de izquierda a derecha, en el espacio,
para hundirse profundamente, de arriba abajo, en el tiempo. Ya las siguientes estaciones no tuvieron nombres de
sitios, sino cifras de fechas y, pronto, estas mismas cifras
fueron perdiendo todos sus trazos arábigos: dejaron de
significar años, para contener siglos.

Sin que hubiéramos podido decir cómo, el carro se
había convertido en ascensor y descendíamos todos por
él, mezclados unos a otros, entorno a la figura de nuestro
único Greco real. En esta brusca inmersión se había ido
quedando atrás —¿arriba?— lo mismo el hermoso Rena-
cimiento español del Alcázar de Carlos Quinto que la fina
plegaria gótica de la Catedral, en cuyo coro las apasio-
nadas aleluyas de los órganos desgarraban el tímpano
terso y el cielo redondo de los vitrales. Ya en este punto,
no dejamos de caer hasta no tocar —con una sacudida
brusca de todos los frenos— el andén y la época ciertos,
irreparables, de la ciudad que habíamos presentido.

Frente a la evidencia de esa llegada, que no era la nuestra a Toledo, sino la de Toledo a nosotros, toda mi sed se exacerbó. Antes que nadie, abriendo la portezuela del coche con el mismo ademán presuroso con que se dobla la cubierta incolora, agresivamente comercial, del libro que hemos ansiado leer durante muchos años, me arranqué al grupo de mis compañeros. No obstante, ya en tierra firme —avergonzado de mi prisa— volví los ojos a ellos, para verlos bajar. Durante un largo minuto, ví todavía el rostro de la dama de negro, envejecido dramáticamente por la distancia, sonreirme desde su naufragio. Después, sin que nadie bajara, el tren arrancó.

Mi primera inquietud fué la de haberme equivocado de sitio. Más verdadero que el Toledo de piedra que tenía ante mí, me parecía aún el que se iba, con lo mejor de mí mismo dentro, en el cuadro de esa familia de condenados a muerte, de quienes la promiscuidad de la ruta me había hecho, para siempre, el heredero irrevocable.

Pero no, no era yo quien se había equivocado, sino ella, la ciudad que, entregada así, en una sola sacudida de los párpados, a mi curiosidad de cazador, había perdido de un sólo golpe todo su encanto de presa fugitiva. Por eso las casas, las torres, las calles mismas —al juego de cuya geométrica fuga la arrojaba— me la devolvían siempre, como sabuesos, hasta los pies ya perezosos de transitarla. Y el ojo no tenía que apuntar para dar en el blanco, ya fuese que tratara de herir la transparente aguja de la Catedral, el rectángulo sobrio del Alcázar o cualquiera de los guiones de piedra con que los puentes repartían, en pequeños párrafos interiores de prosa moderna, la vieja frase valiente, ondulada y retórica del Tajo.

INVITACIÓN AL VIAJE

Astrologues noyés dans les yeux d'une femme...

BAUDELAIRE

De la piscina de cristal en que lo colocó el ingenio de los anunciantes, el trasatlántico emerge, al resplandor de las bujías eléctricas, amenazando arrollar a los espectadores. Alto de borda, con todas las luces encendidas a babor y a estribor y el carbunclo de la linternilla de guardia en el palo de mesana, se desliza —sin movimiento— sobre las latitudes de un mar de mapa y toca de una sola vez, en la disminuida escala del planisferio, todos los puertos que sus hermanos más pequeños, trasatlánticos de verdad, no suelen visitar sino uno a uno, con la paciencia ordenada —económica— con que las manos de las señores de provincia desgranan las cuentas de sus rosarios.

El nombre del buque y las iniciales de la compañía naviera se destacan, en caracteres dorados, sobre la noche de la proa, a un lado de esa ancla de juguete que, a pesar de la inmovilidad del vapor, el mecánico olvidó hundir dentro de la gruesa carta geográfica en que está, aparentemente, fondeado. A uno y otro costado del buque, para que la fantasía de los viajeros pueda escoger con libertad,

Contemporáneos, México, núm. 16, septiembre de 1929, pp. 87-102.

hay varias categorías tropicales de modelos: ésa, esbelta y con aires sospechosos de bailarina es una palmera de Honolulú; éste, honrado y con deportivos pantalones a rayas, es un cocotero de Jacksonville y aquéllos numerosos como una parvada de excursionistas, pertenece a esa clase de plátanos cosmopolitas que están saludando siempre, en pijamas de perezosas mangas verdes, amarillas y azules, a los veraneantes de todas las playas...

Afuera, sobre el muelle de la avenida, tres hombres se han detenido a contemplar la llegada del trasatlántico. Uno de ellos, vencido por el invierno, pobre, de ojos claros de pez en que la sola idea del mar aviva una nostalgia. Otro, de impacientes manos de colegial, se asoma al escaparate con una avidez alegre, de gaviota. El mundo —que los ojos de su vecino anulan en una totalidad azul— los suyos, eruditos, lo distribuyen por épocas y por lugares: Nueva York, el acuario de que le han hablado los periódicos instructivos, lleno de peces centenarios, exquisitos y peligrosos como verdaderos mandarines. Una fecha —1918— el año de los pantalones estrechos que hicieron posible, por reacción, la enormidad jovial y el éxito de los zapatos de Charlot y una cena: la Navidad de las naciones honradas en torno al pavo relleno de la paz. Más tarde, el regreso de Lindenbergh y la fotografía, sí, la fotografía de ese viento de Nueva York —el mejor tapicero de América— empapelando de arriba abajo los rascacielos de Broadway. París: "la Cité, l'Université et la Ville"... El Sena, empastado de malos libros y lleno de citas de buenos autores. Y Nuestra Señora, a quien Víctor Hugo robó todos los fantasmas de sus quimeras para hacerse un Museo en el retiro burgués (sala, dos recámaras, comedor) de su casita Luis Felipe en la plaza de los Vosgos. Y luego, también, una fecha: 1814, el año del tratado de Fontainebleau, que sus amigos no saben en qué consiste y que él ha tenido la suerte de sorprender desnudo, tan vivo y tan reciente como si nada hubiese ocurrido en la política del mundo después de él, dentro del prólogo de esas cartas de Metternich que van a asegurarle, si le toca el tema de la Santa Alianza, el primer premio en sus exámanes de Derecho Internacional. De Italia, sin conocerla, estoy seguro que Roma le desagrada. En 1517, habría querido ser Lutero. ¿Le habría disgustado ser, en 1870, Garibaldi? La eternidad de las ciudades eternas debe parecerles un lugar incómodo donde, sin precauciones, no se atrevería a poner el pie.

Por eso yo —su tercer compañero de ocio frente al trasatlántico de papel— lo miro volver los ojos varias veces sobre el mapa, en un nuevo viaje sin escalas del Atlántico y, recogiéndolos del litoral de Europa, posarlos con deleite sobre el contorno conocido, reconocido, de América. Los puertos de México, demasiado vistos, no seducen su atención. Pero ¿qué la atrae tan poderosamente sobre ese imperceptible punto negro, Jamaica, inscrito al centro de la ondulada vertebración de las Antillas? Su mirada se ahonda sobre el azul mediterráneo del Caribe como si el solo vaho de sus islas tropicales pudiera ya pintarle ojeras, desde tan lejos. Para excusarlo, pienso en los buenos autores y las malas novelas que devoré yo mismo, de colegial, y que, ahora, encuentro mezclados al andamiaje de mis primeros estudios de geografía: Sandokan y la Polinesia, Julio Verne, el Náutilo y la India, H. G. Wells y Los Ángeles...

A mí, la idea de partir no me turba. Esos huecos de vida que colocamos entre un continente y otro, para conocerlos, me parecen tan desagradables como, en la dentadura intacta de una biblioteca, el arrancado colmillo de una edición de lujo, original numerado a mano por el autor, cuya ausencia dejó, en la encía del anaquel, un hueco profundo e irreparable.

Me gusta, entre las cosas que amo, descubrir siempre una sucesión apacible: pero clara. Si hubiese nacido mujer, hubiera querido seguir en los bordados, de una orilla a otra de la tela, la dirección de cada hilo, la voluntad de cada color. Si fuese poeta, no escribiría sino sonetos —o décimas— porque, en ellos, la unidad del aliento cristaliza más rápidamente y se advierte con mejor claridad. De los procedimientos musicales que elijo, para mis composiciones, el que prefiero —acaso por timidez de apresurarla en el auditorio— es la fuga. Y la fábula que me parecía, de niño, más rica en significados ocultos no era, por cierto, la de Prometeo —de proporciones demasiado escultóricas— ni la de Pandora, tan asequible a la gula de la curiosidad infantil, sino la de Ariadna desenredando, merced a la continuidad de sus hilos prudentes, el problema de su laberinto.

Por alguna de estas razones —por todas juntas, quizá— la aparición del trasatlántico, en el escaparate de esta Agencia de Viajes, no me impresiona muy profundamente. ¿Para qué partir? Acepto los viajes como el recurso de una necesidad ineludible, desgracia que los agentes de turismo se encargarán, a tiempo, de adornar con los mismos grabados a colores y los mismos incitantes marbetes que hacen, por fuera, el atractivo de ciertas medicinas. Aun sin sufrir el apremio de esta necesidad, los aceptaría, tal vez, como un paréntesis de paciencia colocado, en el confuso párrafo de una vida, para aclarar su estilo y para disparar, más agudamente, la frase última de su decisión.

Casi todos los Reyes han sido maestros en este arte

de preparar, de lejos, la punta y el filo de sus resoluciones. Por eso Felipe II, que era sedentario, se fabricó el océano de piedra del Escorial. En él, desde la pequeña nave segura de sus habitaciones ¡qué aire de inapresable lejanía —de radiograma sin antenas— debió tomar cada uno de sus designios! Menos disciplinado que él por la Contrarreforma, Guillermo II, según la biografía de Ludwig, tenía también la costumbre de embarcarse —sin metáforas— durante las semanas en que la agitación política era mayor. El movimiento del mar, sus tempestades, sus bruscas sorpresas de inestabilidad o de perfidia le parecían, probablemente, menos peligrosos que el oleaje de las cabezas cuadradas que lo amenazaba en el Reichstag o la suavidad de la serpiente que lo atraía en las flautas diplomáticas de Poincaré.

Creo, no obstante, que ninguno de esos argumentos podría hacer variar, a mi lado, el entusiasmo de mis competidores. En la tristeza del uno, todo el deseo de las felicidades que no se ha atrevido a exigir de las cosas se recrudece, con tonos de dramática beatitud ante la alegría del trasatlántico que no llega de ninguna parte. En el optimismo del otro, lo que ve y lo que adivina, lo que sabe y lo que supone deben hallarse mejor equilibrados, pero a la ignorancia que le falta ¡qué gran avidez sustituye la juventud!

Las ocho. Desde hace una hora estoy esperándola en este rincón de la noche y no he querido —por no perder el minuto de su llegada— separarme del balcón que, para nuestro encuentro de hoy, eligió ella misma ayer. En pleno invierno, este lugar improvisa, merced al anuncio de la Agencia de Viajes que lo aclara, no sé qué resplandor insolente y qué ausencia de intimidad capaces de hacernos creer en el presagio de una primavera: de una primavera al revés. A ella, estas impresiones ambiguas, de calofrío, la satisfacen de un modo casi impuro, como si fuesen —tan inocentes— el ensayo de una perversidad.

Los climas demasiado definidos le sientan mal, semejantes a esos linajudos terciopelos de los retratos de la escuela flamenca en que las figuras de las mujeres se endurecen, bajo la curiosidad del pincel, y quieren defenderse, de la codicia de los ojos, con la coraza de una castidad exterior. Para lucir, su belleza busca, en cambio, esos entreactos del clima en que las estaciones no están completamente maduras: breves intermedios del año en que se toca mejor la urdimbre neutra del tiempo, bien sea porque el verano no bordó aún, en ella, los gruesos racimos de sus sobremesas doradas, o bien porque el invierno no alcanzó a deshilar, adelgazando su trama, esos diáfanos crepúsculos del encaje, tan sutiles, tan deshojados y tan ciertos que, de sólo tocarlos, las mariposas se marchitan como si las hubiese herido la nieve.

Así, en cuanto llega a una ciudad, a una calle o a una casa, lo primero que intenta es la antología de los lugares dignos de ser escogidos por la conversación. De una ciudad preferirá, en seguida, esas estrechas calles que rodean los atrios de las grandes iglesias y desde cuya relativa quietud de acompañantes —o de influyentes dueñas de comedia antigua española— se puede apreciar mejor el ritmo y las verdaderas pasiones de los protagonistas.

Desde otro punto de reflexión, el compás de una calle le parece siempre demasiado largo para medir el espacio de nuestros encuentros. Porque ¿dónde principia, realmente, una calle? Al cabo de ella no, porque no es aún ella misma, sino el resto y el vértice de las otras, cercanas, que por todas partes la aluden, la anuncian y la invaden con la promiscuidad de sus automóviles y de sus transeuntes. Pero, si, huyendo de los extremos, intenta tocarla en el corazón ¡qué pronto escapa, perseguida por el dibujo y el movimiento, hostiles, de todas las cosas que adquirieron, en ella, un carácter y una personalidad!

Por eso son, en su casa, tan agradables los pasillos: válvulas de la habitación a donde afluye lo más exquisito de su impaciencia; rincones de sombra entre las estancias brillantes, de luz entre las piezas oscuras; salones en ciernes que no podríamos calificar recibimientos; ensayos de alcoba que no son, propiamente, antecámaras y preludios de comedor que ofenderíamos clasificándolos entre las despensas; lugares todos profundamente meditados en que su intimidad se entrega de un solo golpe y que son, a los grandes poemas de lujo en que otras residencias se desarrollan, lo que la elegancia súbita —y fresca— de *Las Iluminaciones* de Rimbaud al ritmo prolongado y exangüe de algunas estrofas de Lamartine.

Esta misma discreción —que la coloca en la fuga de los espacios demasiado precisos— la hace enemiga de la puntualidad. Una cita no le parece perfecta si no la maduró, antes, ese tiempo de espera que, a su juicio, no sólo no atenúa el placer, sino lo excita y, deliciosamente, lo prepara. Su impuntualidad se rige, por consiguiente, por reglas de conducta mucho más severas que la puntualidad de los demás. Y no es el orgullo, sino la modestia, lo que la incita a llegar con retraso a los sitios en que se le aguarda, porque de estas palabras: "hacerse esperar" —en que otros no advierten sino el premio de una vanidad satisfecha— ella sólo percibe el pudor: refinado pudor de un alma para quien "llegar a punto" sería, en cierto modo, llegar antes de tiempo, anticiparse y, probablemente, interrumpir...

65

Las ocho. Una larga hora inútil ha transcurrido desde el momento en que la impaciencia del colegial y la beatitud de su silencioso acompañante me abandonaron, al borde de este puerto de calcomanía que la luz eléctrica adhiere a la superficie húmeda del asfalto.

Como si la esperase también a ella para partir, el trasatlántico permanece inmóvil, con toda su belleza indiferente de máquina erguida sobre el mantel de la geografía universal. Junto a mí, las parejas que pasan se detienen a verlo, esbozan una fantasía de viaje, la destruyen con pesimismo y se van, apresuradas por la noche. Cansados de su labor, los hombres no saben inventar nada hermoso frente a esta "invitación al viaje" con que el anuncio los hipnotiza. Después de haber doblado la tarde, en cuatro pliegues limpios, como un pañuelo bien planchado, las mujeres salieron, en cambio, a gastar en las calles un poco de su excesiva necesidad de vivir. Por eso, del brazo de sus amantes tienen ya, algunas, ese desprendimiento brusco y ese escorzo de vuelo que hay en todo gesto de adiós. La idea de viajar las torna esbeltas como si, de sólo pensarlo, se agitaran en una atmósfera más densa o las adelgazase la transparencia de una música más profunda. ¡Qué pocos sentimientos verdaderamente dignos vibran, no obstante, bajo ese simulacro! Lo que hace palidecer a alguna es el deseo de estrenar un vestido de seda tenue, como el que ha visto ondular en el cuaderno de modas del verano que pasó. En otra, esa sed de infinito tiene un domicilio, un precio y una forma sólidos: es un sombrero de "La Ciudad de París". En ésta, que acaba de desprenderse del brazo del esposo para aislar más dulcemente su contemplación ¿cómo pensar que el viaje no insinúa la esperanza de un adulterio?

Si pudiera, viniendo yo también del brazo de mi amiga, conservar esta frescura y esta imparcialidad de espectador ¿las aprovecharía realmente en examinarla? ¿Qué otra cosa sé de ella, en este instante, sino que la espero? Sólo su ausencia tiene una forma suya, clara, dentro de mí. Pero, si me pusiese a analizar esta impresión que juzgo, a primera vista, tan exacta ¡cuántas pequeñas indecisiones enturbiarían su simplicidad! Porque la nostalgia de un sér, su ausencia misma, consisten en una serie de presencias, tan complicada de definir como la vida más oscura de su espíritu.

¡Qué poco he sabido, hasta ahora, interrogarla acerca de esos deseos esenciales que nos determinan en la imaginación de los demás! Si muriese de pronto, si un accidente cualquiera —un choque de automóviles, una parálisis, un poema, un corto circuito— la matara, impidiéndole definitivamente llegar hasta la orilla del escaparate en que la espero ¿me quedaría de ella algo más que este ensayo de psicología literaria en que, indecisa —indeciso— la sitúo?

¿Es buena? ¿De qué modo lo es? ¿Es mala? ¿Qué sueños le gustan?... El color, el color mismo de sus ojos, ese dato concreto que su modista sabe, sin duda, con exactitud ¿cómo he podido yo vivir, cómo he podido amarla, ignorándolo? ¿Le agradan los viajes? Me ha dicho que hizo uno, de niña, a la América de Sur. ¿Fué antes o después de que su padre muriese? ¿Qué vibración tenían sus palabras, al referirmelo? En vano pretendo, ahora, reconstruir su tono, su ademán de entonces, desaparecidos, para saber si lo que contenían era tristeza o entusiasmo. La memoria de nuestras conversaciones más recientes creció sobre la de aquella vez, oscureciéndola, como esas capas de corteza que marcan las edades de los árboles y que, primero, no se advierten con claridad, pero después

67

—cuando ha pasado mucho tiempo— dibujan verdaderas zonas en su tronco, semejantes a las que utilizan los geólogos para medir las estaciones de la Tierra.

Uniendo recuerdos llego a pensar, así, que este capricho de citarme en la antesala de un Hotel o frente al anuncio de una Agencia de Viajes, entre un sitio y otro, cosmopolitas, obedece a un complejo suyo, mecánico, de liberación. ¡Cuánto ha de pesar sobre su conciencia, siempre en declive, esta solidez de la ciudad, constante, que la retiene lejos de mí! Para comprobarlo, paso revista —en desorden— a todo lo que la encadena a sus cosas y a sus habitantes: el afecto de los tíos añosos que la educaron, de niña; la avenida del bosque en que la ví pasear, un domingo, antes de conocerla; la silla de viejo damasco gris en que se sentó para leerme una carta de Julia, su amiga filosófica del Internado; el cielo de esos meses de otoño en que su mirada suele adquirir una doble transparencia, cerebral y sensible, hecha, al mismo tiempo, de miel y de meditación. Y me avergüenzo de todo lo que está reclamando imperiosamente, en ella, un cambio: el escenario de un viaje, su movimiento, su desorden, su deliciosa curiosidad.

Por orgullo, me he alejado insensiblemente del escaparate en que la había estado aguardando con resignación. ¿No habré cedido sin quererlo, confusamente, a esa misma seducción del anuncio que me hizo sonreír del colegial y del pobre, de la señorita del sombrero de paja y de la posible esposa infiel?... Las ciudades están llenas de estas asechanzas, buenas, acaso, para agregar ejemplos a la mitología de Freud. Así, una vez, ante el busto de un maniquí de corcho que servía de anuncio a un collar de perlas falsas, pensé —hace muchos años— en el nombre de una mujer que había creído amar, que no había amado, cuyos besos me habían parecido siempre insípidos, impermeables, silenciosos y blandos —como trocitos de corcho— y que, precisamente, se llamaba Elsa: como las perlas falsas que había visto exhibidas en el aparador.

En la sombra, la perspectiva de un viaje largo, con Palma, me sonríe con una sonrisa mejor y, aparentemente, real. No es ella sólo —pienso— sino yo mismo quien necesita adiestrarse a la rapidez de esa evasiva conciencia que los viejos exijen de los viajeros, porque lo que me desagrada en el ritmo de mis últimas composiciones es, en efecto, esa connivencia de la música con el clima que las hace tan invariablemente densas y equilibradas. Un momento antes, el proyecto de partir no despertaba, en mí, sino evocaciones superficiales: colores, asuntos y modas, motivos de pintor que mi fantasía no se hubiese atrevido a aprovechar. Ahora, aclarados por la blancura de la mujer que he derramado sobre su superficie ¡cómo responden, sumisos y profundos, —en una galería de ecos— a las intenciones musicales con que la persigo!

Fácil en contrariarme, dispongo —en favor del viaje— de las mismas razones con que, en otras circunstancias, defendería mi inmovilidad. Pero de esta ligera astucia —como de la congoja que me obliga a dar, inmediatamente, algunos pasos de impaciencia por la avenida —no me doy cuenta sino hasta el minuto en que, alumbrada por una lógica fiel —y con una caprichosa, pero exacta puntualidad de estrella errante— la figura de Palma me devuelve la realidad de la cita cumplida.

Envuelta por el prestigio de los países que la he hecho recorrer dentro de mi imaginación, la siento, a la vez, irresponsable y cómplice de cuantas inquietudes me ha sugerido su ausencia, semejante a esos personajes que, durante los sueños, nos someten a las peores torturas pero que, en la tregua de la vigilia, nos sonríen —con amistad— desde la ventana de alguna costumbre: cocineros de fabulosos bonetes de inquisidor que, por la noche, nos hunden en la garganta la espada silenciosa de Merlín: taquígrafas-pianistas que interpretan, a cuatro copias, sobre el teclado de una Remington de media cola, para conciertos burocráticos, la Sonata Patética de nuestra sentencia de muerte, o choferes de ojos de mica, desorbitados, que se divierten en perseguirnos a través de los planos de una ciudad arbitraria, a caballo sobre las estruendosas bocinas de esos automóviles que, si el mundo estuviera bien organizado, deberían figurar, en los museos de historia natural, junto al esqueleto de los plesiosaurios desaparecidos.

Sólo inocente a medias de las aventuras que me hace soñar, despierto, en cada una de las antesalas con que mejora sus entrevistas. Palma me tiende, desnuda, una mano delgada, sinuosa, que me compadece. Después, al pasar junto conmigo frente al escaparate de la Agencia que los empleados empiezan a cerrar, la oigo que me pregunta, con un tono en que toda la voz se adhiere a las esperanzas de mi congoja: "Diga, Carlos, cuénteme... ¿qué misteriosas excursiones ha hecho, esta tarde, dentro de esa barca de papel?"

EL JUGLAR Y LA DOMADORA

Car c'est une traitresse maitresse que la coutume...

MONTAIGNE

Para iniciar una antología de la costumbre, no escogería ni el capítulo de los *Ensayos* de Montaigne, del que he obtenido un epígrafe, ni la melancólica poesía de Sully Prudhomme ("A l'habitude") que hace todavía 25 años se citaba con respeto en algunos liceos.

Elegiría, acaso, este breve apólogo que por aludirlas con tan dolorosa intensidad, aderezo ahora, nuevamente, para el gusto de los hombres de letras:

APOLOGO DEL JUGLAR Y DE LA DOMADORA

Cansado de aparecer, dentro de los relatos de Anatole France, ceñido por la nitidez de un estilo ateniense falso, y aburrido al fin de la música de alcoba del señor Massenet, "El Juglar de Nuestra Señora" sintió, una mañana, la nostalgia de su Edad Media:

Le molestaba, sobre todo, la noticia de que su celebridad se hubiese convertido en una ficha de erudición para los anaqueles de las universidades, y le dolía el recuerdo de aquella celda suya, tan blanca, en la calle de

Revista de Revistas, México, 20 de abril de 1930, pp. 10-11 y 56.

los Fabliaux, de donde los profesores de la literatura habían ido a extraerlo, a mediados del siglo XIX.

Para disfrutar de nuevo aquellas costumbres, para reconquistarlas, decidió —él, tan tímido— abandonar el convento en que las palabras de la Virgen María congelaban aún, en el espejo del aire de Invierno, auténticas rosas de vaho.

Apenas cerró la puerta del jardín —que el hermano tornero había dejado sin llave, conociendo sus propósitos vagabundos— le inquietó, en la opacidad de la atmósfera, un rumor de voces desconocidas. A un transeúnte, que vivía de vender las crónicas de la tierra, le interrogó acerca del motivo de su estremecimiento. Al hablar, sus frases se alargaban en las eles y en las efes, con la elegancia de una escritura gótica, sobre una página de vitral, "El Juglar de Nuestra Señora" no comprendía el dialecto del siglo XX.

Pero no se entristeció. Las órdenes de su convento le habían habituado a reducir su originalidad a los límites expresivos de sus simples habilidades manuales. Lanzar al aire naranjas sólidas de oro, prender cada una de ellas un momento al tallo de un arbusto invisible y recuperarlas, con limpieza, sobre la palma de la mano ¿no era éste un oficio que, por sí solo, merecía una dignidad?

Por eso, sin avergonzarse, sacó de la bolsa que llevaba consigo las cinco naranjas que le había donado una noche antes el hermano prior. Desgraciadamente no se pasa de la puerta de un convento de la Edad Media a la calle —a una calle de hoy— sin salvar siete siglos de distancia y "El Juglar de Nuestra Señora", en lugar de las bellas naranjas que esperaba encontrar, halló apenas, un puñado de semillas enjutas.

Sin perder la alegría, siguió buscando en la bolsa, y

extrajo entonces siete puñales de hierro, que la vejez de aquella sola mañana había cubierto de orín. Frente a él, se había ya reunido un pequeño grupo de personajes curiosos, cuyos semblantes, enrojecidos por el frío, le recordaban las tardes de éxito vividas, mucho tiempo antes, en las aldeas de su vieja Bretaña.

Sin embargo, antes de principiar, aseó cuidadosamente sus armas y cuando las halló suficientemente brillantes —capaces de distinguir, en su reflejo de acero, el semblante de un enemigo de la sonrisa de un traidor— el Juglar anunció, con un ademán elocuente de las dos manos asidas, en el aire, que la suerte iba a comenzar en seguida.

Los puñales, arrojados con fuerza por una sola emisión de los dedos, volaron hasta insertarse en las fundas de una panoplia de niebla, que ninguno de los espectadores veía. De allí, uno por uno, salieron nuevamente de sus vainas y, unidos por el extremo de las empuñaduras, formaron —de regreso en la mano del Juglar— una rosa de siete pétalos de acero.

El acto se había realizado con una perfección tan transparente que a todos debió parecer un poco misteriosa. Y los aplausos sonaron, pero débilmente, ensordecidos por la desconfianza y seguidos, sin intervalo, por la desaparición de todos los personajes del público. En el siglo XIII, los espectadores pagaban mejor.

Uno había permanecido, no obstante, y, apoyado en el marco de una puerta cerrada, veía con interés al Juglar. ¿Sería un anticuario?... Prudente, el titiritero escondía en la bolsa sus puñales antiguos y se dispuso a partir. Sin embargo, en los ojos que lo veían brillaba una claridad afectuosa. ¿Por qué motivos aquella mirada le recordaba la del hermano prior?

75

El desconocido —que dejó de serlo— le dijo, en el latín cosmopolita de los empresarios, pertenecer a la dirección de un circo de lujo, en donde faltaba, precisamente, un malabarista. El Juglar no supo bien el valor de la moneda en que lo pactaba... pero aceptó desde luego el contrato. Y le agradó, sobre todo, que el empresario le ofreciese para firmarlo, en vez de la estilográfica con que escribió él mismo su nombre, una decorativa y auténtica pluma de ave.

En el circo, el Juglar de Nuestra Señora se sintió inmediatamente feliz, tranquilo de sí mismo, seguro. Lo rodeaba un grupo apacible de equilibristas y de domadores. Las fieras, reconociendo en él muchos contornos de la Edad Media, le consagraron en seguida un afecto útil y pintoresco de gárgolas. La jirafa asomaba el cuello por encima de las gradas, para decirle la hora que era en el cuadrante del reloj de la catedral, y el gigante, temido especialmente por el alado pueblo de los monos, le enseñó a apagar el fuego de una antorcha, en el viento, con el golpe preciso de uno de sus puñales.

Por su parte, el Juglar ayudaba a los asnos a vestirse de cebras, y le ponía una peluca de león al perro de lanas de la domadora, y le ataba una joroba postiza, ortopédica, al dromedario —sultán de cuello elástico de narguile— cansado de representar su papel de Scheick lejos de las palmeras obsequiosas del desierto.

Lanzar siete puñales al aire, insertarlos en una panoplia invisible y recogerlos de pronto en una rosa de metal, es una suerte agradable y que puede parecer misteriosa. Pero el misterio que se repite, fatiga y la fatiga que se busca, en los circos, no es la del público, sino la de los actores.

Para no verse precisado a despedirlo, el empresario

—rico en anécdotas— imaginó el argumento de un número sensacional: adherida a un biombo de madera, la domadora, en traje de mallas, dejaría que el Juglar fuese dibujando su silueta con los cuchillos que le lanzase, uno por uno, desde un punto situado a 12 metros de distancia.

Los ensayos prometían ser bastante difíciles. Además, el Juglar se resistía a iniciarlos.

Fué preciso entonces que el empresario despertase a Guillermo Tell del sueño de la vieja partitura de ópera en que dormía, para que este personaje convenciese al Juglar de que existen juegos de puñal y de flecha que los buenos malabaristas y los arqueros exactos pueden imponerse sin escrúpulos.

A los cuatro meses de ensayos diarios —primero con puñales de pluma, después con puñales de goma, más tarde con puñales de madera y, por último, con puñales de metal— el Juglar había dominado la suerte. Pero la domadora había dominado al Juglar. Un cuerpo que se pone en peligro ¿no es, casi, un cuerpo que se posee?

Durante cuatro, cinco, diez, doce meses, dos años, el Juglar de Nuestra Señora dibujó las líneas del cuerpo de su amante, sobre el biombo de madera del circo. Ni un rasguño, ni una herida recibió ella, durante ese lapso, en el hermoso Rubens que le servía divinamente de cuerpo.

De noche, en los idilios de las casas de huéspedes en que se alojaban, los besos del Juglar querían ser tan exactos como sus puñales del circo. Pero el arte de este monje, dos veces arrepentido, no estaba en la boca. Sólo sus manos sabían honrar a las damas que amaba. Y, con la misma devoción con que, en 1254, lanzaba esferas de cristal ante la Virgen de su monasterio, vestía, 1929, el cuerpo de la domadora, con una túnica de puntas de acero, imperceptiblemente tejidas.

La moral exigiría, en este relato, que la domadora, salvada todos los días por el Juglar, amase al Juglar. Pero la costumbre, esa verdad de las fábulas, exige precisamente lo contrario.

Las caricias del Juglar tenían en efecto para aquella impaciente amazona, un tono arcaico que el recuerdo lívido del monasterio no lograba hacer pecaminoso. Además, los dedos del Juglar —y sus puñales— no conocían, sino las siluetas de las mujeres. Y no se ocupaban, sino en respetarlas. Ella quería, en cambio, que alguien —¿Pirandello?— le descubriese una profundidad y la vistiese de su propio personaje.

Fatalmente, como en las novelas que el Juglar no había tenido tiempo de leer, la domadora acabó por engañarle. Y, fatalmente, escogió para este servicio al tenor de la vieja partitura que los había unido en el mecanismo de un mismo acto de acrobacia: a Guillermo Tell, a quien el empresario, en agradecimiento por su intervención favorable, se había resignado a contratar.

Todas las tardes, antes del circo, Guillermo Tell y la domadora se dirigían juntos a un parque solitario, situado a cuatro kilómetros de la ciudad. Allí, Guillermo Tell perforaba, con la flecha de sus carcajes suizos —verdaderos "Longines" del arco— los objetos que su capricho decorativo colocaba sobre la cabeza de la domadora: una manzana, un durazno, una rosa, un ejemplar del "Adonis" de La Fontaine, en la edición elzeviriana de la librería Lemere... Y ella celebraba esta puntualidad de la exactitud que, en los puñales del Juglar, le parecía tan laboriosa y tan insignificante.

Una noche, como se hubiesen retrasado en el jardín, discutiendo —a propósito de estas diferencias— que existen en economía política entre la idea de esfuerzo y la de trabajo, Guillermo Tell insistió en repetir el juego, pero con una estrella.

Su amante se oponía al proyecto, temerosa de llegar demasiado tarde a la representación... ¡Pero Guillermo Tell empleaba un repertorio tan convincente de súplicas! Su carcaj y su vientre le daban, por otra parte, un aspecto mitológico de Eros de terracota, envejecido, pero bastante solemne.

Para sacrificarla, escogieron una estrella pequeña, de parpadeos todavía ignorantes, de niña que no se ha pintado nunca los ojos. Sobre las trenzas de la domadora, demasiado rubias, aquel asteroide brillaba con esplendores escolares, como una luciérnaga aprendiz. Cuando lo atravesó la punta de la flecha de Guillermo Tell, una frescura indecible se derramó por todos los músculos de la amazona vestida. Y, al llevarse las manos a los cabellos para sentirlos mojados de aquella luminosa humedad, se avergonzó de hallarlos tan limpios, tan secos y tan hermosos como antes.

No obstante, esa frescura extraordinaria la seguía inundando de tal manera que, de pronto, sintió —por primera vez en su vida— la necesidad de llorar. De sus lágrimas, se asegura que Guillermo Tell tejió aquella misma noche un collar de diamantes azules, inocentes y trémulos como estrellitas.

Poco a poco, a lo largo de estas entrevistas, la sospecha penetró en el corazón del Juglar. Y, como en tales casos la realidad de la evidencia no tarda mucho en seguir a la sospecha de los temores, una conversación interrumpida por teléfono, una mirada de complicidad interceptada, un beso adivinado en la máscara del maquillaje, todo le convenció del engaño.

Divorciarse es un consejo que los matrimonios pueden seguir agradablemente. ¿Pero cómo divorciarse de aquellas personas con quienes no hemos estado nunca casados?

El Juglar repasaba, en sí mismo, los tormentos que los señores imponían a las castellanas infieles en los poemas que, cuando era joven, los trovadores cantaban a la puerta de los castillos, mientras lanzaba él en el aire rodelas de plata, lunas, escudos de cobre, soles y puñales, puñales de todas clases, góticos, burgundios y sarracenos, de oro, de ónix, de hierro, con empuñaduras cuajadas de leyendas moriscas, o mangos de madera de roble, en forma de cruz...

Puesto que el circo los había reunido, el circo debía separarlos. En la cabeza escolástica del Juglar, este sofisma se construyó sobre bases absolutamente lógicas. ¡Matarla, a la luz de la candilejas, cuando su crimen no fuese ya un asesinato, sino, apenas, una equivocación!

Decidido a dar este fin a su drama, el Juglar reconoció la urgencia de repasar el filo descuidado de sus instrumentos. Toda la tarde los pulió deliciosamente, en secreto, sin resolverse a elegir. Tan leales siempre en el arte, todos le parecían igualmente dignos de una distinción. Los contó: eran veintisiete... Los años que tenía la domadora. Esta coincidencia, de mal gusto romántico, le desagradó. Y, dejando el compromiso de la elección al capricho de la última hora, los encerró a todos en el estuche de trabajo y se fue al circo con paso indolente, arrepentido, como el que los obreros emplean para dirigirse al taller.

Aquella noche de diciembre era, sin duda, el tipo inefable de lo que los empresarios entienden por una noche de gala. Las mujeres traían, entre las pieles de los abrigos, unos descotes valiosos, blancos, pronunciados y níveos —verdaderos paisajes de Invierno— que avivaban la nostalgia de Suiza en la imaginación de Guillermo Tell.

En la pista veinticuatro bailarinas de Toulouse-Lautrec sostenían una guirnalda de flores artificiales, en que los matices de la música, resbalando unos sobre otros, construían una delicada orografía de acuarela. En cuanto desaparecieron, los aplausos de la concurrencia saludaron a Óscar "el elefante que sabe contar", el éxito de la temporada.

Como Guillermo Tell —y como el propio Juglar de Nuestra Señora— Óscar era uno de los atractivos esenciales del Circo de Invierno. Sus compañeros —que lo sabían— le consagraban no obstante un amor fraternal. Por eso, mientras Óscar saludaba al auditorio con una inclinación de la trompa, el Juglar y Guillermo Tell se cruzaron una mirada sin acritud. Más fuerte que el odio, en esos momentos, era en cada cual la costumbre de admirarse en el otro. Y de demostrarse su admiración.

Cuando llegó el turno del Juglar de Nuestra Señora, los tambores hicieron correr cuatro veces, en el paisaje burocrático de la orquesta, el mismo escalofrío de milicia municipal.

Junto a las mallas negras del traje, que ceñía más el esqueleto que el cuerpo delgado del malabarista, la carne color de rosa de la domadora florecía en sonrisas, en espumas, en encajes de rizos... Y luego, al inmovilizarse, se deshojaba, pero también en espumas, en sonrisas de encajes, en encajes de rizos.

Su sensualidad —informe como una amiba— no tenía ni principio ni fin. No la limitaba la desnudez, ni la subrayaba el atractivo galante de las mallas color de rosa.

Aquella magnífica abundancia dorada que destacaba sus formas de sirena de mitología flamenca, necesitaba realmente, bajo la luz de las lámparas de arco, que el Juglar la vistiese con una castidad de puñales.

El principio de la operación produjo en el público el entusiasmo de siempre. Los espectadores, adheridos a los asientos, temían —y deseaban— una vibración de la mano perfecta, un desvío, un error, un estremecimiento homicida del puñal... Se oía latir, en un solo pulso, el corazón de dos mil trescientos cincuenta y ocho relojes de pulsera.

Uno por uno, los puñales del Juglar de Nuestra Señora iban tocando, con un ruido sordo de la madera mordida, los puntos del biombo que todos los días estaban habituados a herir. El primero, debajo del brazo derecho, en la sombra de la axila recién afeitada. El segundo, un poco más abajo, en el litoral de los senos. El tercero, en el golfo de la cintura. El cuarto, como una rienda, en el principio de la cadera. Las luces del circo brillaban sobre las hojas de los puñales y el Juglar las veía partir, multiplicadas por la prisa, ansioso de la ceguera que lo aturdiese, excusándolo ante sí mismo del crimen de que no necesitaría después excusarse ante nadie.

Doce, trece puñales habían dibujado en el biombo la mitad del cuerpo geográfico de la domadora. Los espectadores al verla, puntuada así en las latitudes de la carne, se sentían contentos del viaje, como los pasajeros de un trasatlántico a quienes el capitán muestra todos los días, a las doce, el mapa en que ha marcado las alturas recorridas.

Una embriaguez metódica envolvía al Juglar. Pero, a pesar del deseo, sus manos —acostumbradas a la pericia— no acertaban a equivocarse. En vano mudaba posturas y arrojaba de espaldas los cuchillos más peligrosos. Como atraídos por un imán invisible, todos caían exactamente en ese punto —del litoral de la mujer entregada— que podían tocar sin herir.

Veinticuatro, veinticinco puñales habían terminado casi de figurar, en acero, el contorno de aquella silueta demasiado blanda. Y sólo quedaban dos; de los cuales, el primero fué a insertarse en la orilla del pecho, en el ángulo preciso en que los espectadores lo esperaban. Vencido por la costumbre, artista derrotado por la perfección implacable de su estilo, el Juglar cerró los ojos, desesperadamente, para lanzar el puñal número veintisiete hacia el corazón de la domadora.

Dentro de él, todo había muerto: la fe, la paciencia, el recuerdo de su primera representación en el circo, la sonrisa bondadosa del prior, el milagro y la beatitud de la Virgen María...

Un estallido metálico —¿de aplausos?— lo despertó. Inútilmente buscó un hilo de sangre, un coral, en la blancura de mármol de lo que ya consideraba el cadáver de su compañera color de rosa. Debajo del brazo izquierdo, en la penumbra voluptuosa de la axila recientemente afeitada, el mango del puñal número veintisiete vibraba todavía, con un estremecimiento diabólico, más poderoso que la voluntad de su dueño, más responsable que el crimen, perfecto, cotidiano y estéril... como la costumbre que lo disparó.

LA VISITA

> ¿Qué dirás cuando te visite?... Porque
> tú me enseñaste a ser príncipe y cabeza
> sobre tí.
>
> JEREMÍAS, 13

Páralo, no te arranques... Déjalo que respire... ¡Anda! Ahora es cuando debes picarlo, pero con fuerza...

Don Paco se había asomado a la ventana del cuarto que le servía a la vez de despacho y de sala de juego en esa desmantelada casona de la hacienda de los Martínez, a tiempo de sorprender la impericia de uno de los peones, ocupado en domar a *Lucero*, el nuevo caballo del Administrador.

Cortado hasta las rodillas por el friso de la baranda en que apoyaba una sola de sus manos de bronce, adelgazada —en el índice— por el espeso brillo de una sortija de oro, el cuerpo de Don Paco asumía una especie de pintoresca y benévola enormidad. Alto, robusto, de ojuelos vacilantes y densos, de aceite en agua, hablaba con toda la voz, acentuando las últimas sílabas de las frases, como suelen hacerlo los oficiales en las maniobras, para limitar con un dique perceptible al oído la obediencia de los reclutas. Una observación minuciosa hubiera comprobado hasta qué punto coincidían con aquella singularidad del lenguaje los movimientos militares del rostro, tendidos

Imán, París, abril de 1931, pp. 79-94.

siempre hacia la primera fila de las facciones, en una presteza de "mausers" presentados al jefe, cada semana, para las revistas metódicas del cuartel.

En el patio, un grupo de mujeres, atraídas por los relinchos del potro, coreaba con risas los consejos irónicos de Don Paco. En efecto, lejos de hincar la espuela en los ijares de su cabalgadura, lo que el jinete quería, en tales momentos, era verse desprendido de ella, arrojado por un respingo del animal a lo blando del heno que, a varios metros de su tragedia, el otoño esparcía en cojines sobre las losas.

Las cinco acababan de sonar en el reloj de la hacienda. Como un eco, las campanadas de la capilla repitieron aquella hora en el crepúsculo de septiembre, tan delgado, tan íntimo, que se hubiera podido cortar con las manos, en la limpieza del aire, la gavilla de cada rumor. Más tarde, con prisas, avergonzado al parecer de su lentitud burocrática, también el reloj de la oficina de telégrafos de Encinillas sonó las cinco, a un kilómetro de distancia, en el cansancio de aquella aldea que, a partir de la época porfiriana, había conservado en todas sus cosas el paralítico andar de la Dictadura, incapaz de anunciar una sola noticia —ni la del tiempo— antes de que el párroco y un administrador de la hacienda lo autoricen, con el permiso de sus campanarios unidos.

¡Las cinco! Por el semblante de Don Paco se deslizó de pronto una sombra furtiva, de pájaro en sesgo. ¿Qué podía seguir cautivándole en el ejercicio de sus peones? Una noche antes, el *Coyote* le había prevenido por telégrafo, desde Cabañas, que llegaría esa tarde a la hacienda, en el tren de las seis y cuarto. ¿Estaría todo dispuesto para recibirle?

Por lo pronto, importaba despejar el patio de aquellas

mujeres, de aquel desorden, de aquella gritería de chicos que el espectáculo congregaba. En la lucha, *Lucero* había logrado vencer al jinete. Libre del ambicioso —que parecía no haber sufrido gran daño al rodar— el potro se dirigía, con pausas, hacia la sombra de uno de los aleros, en la querencia de las caballerizas. Un rocío de fatiga le oscurecía las ancas. Entre los ojos, en una estrella, le temblaba todavía la cólera. Sobre las piedras, recién herrados, sus cascos golpeaban aún con rencor. Si la noche hubiera caído de pronto, se hubiesen visto lucir en la sombra, rítmicamente, las centellas inútiles del acero.

—¡A él si que no se resistiría! murmuró Don Paco, entre dientes. Pensaba en el *Coyote*, celebrado de Torreón a Saltillo por la infalibilidad de su juicio en mujeres y en sementales. Pero se sintió inmediatamente angustiado por aquella reflexión imprevista, dentro de cuya espontaneidad estaba oyendo latir aún el eco de su servidumbre. ¿Hasta cuándo había de admitir que la idea, el solo nombre de su compadre lo colocaran en subordinación? ¿No era ya él —desde hacía tres años— un hombre libre, libre, todo lo libre que un hombre puede ser en la tierra?

Sí. Pero ¿hasta qué punto? ¿Hasta qué punto se es libre? ¿Era libre Don Héctor, el administrador de la hacienda, a quien los aparceros saludaban de paso, al ir al mercado, con un movimiento respetuoso de la mano derecha en el ala del sombrero de fieltro, mientras la izquierda sujetaba las riendas a la silla de la montura?... ¿Era libre el señor Fernández, encargado de los telégrafos de Encinillas, frente al país entero que le escuchaba, a lo largo de los alambres, obediente al más simple contacto de su aparato conmutador?... Don Paco no quería engañarse a sí mismo. En la duda, no podía decirse que sí. Al administrador de la hacienda, él sólo lo intimidaba. El sólo. Y su historia. La ausencia de su historia. La leyenda de rebeldía y de sangre que los peones habían forjado para sustituírla, en la charla de las veladas, junto al fuego en que se cocía para la cena la luna de las grandes tortillas amarillentas, pajiza, como durante ciertas noches de enero, en el monte, la verdadera luna del campo, cuando el frío no se decide por completo a nevar. Más de una vez, al cruzarse con él en la carretera, camino de Encinillas, los ojos y el caballo del Administrador se habían tenido que desviar de la ruta, buscando un pretexto a la prisa, pidiéndose perdón a sí propios por el deseo súbito de desaparecer.

En cuanto al señor Fernández, ¿qué libertad podía ser la suya, perforada todas las noches de avisos, roída por el tic-tac del telégrafo como por la vigilia de un pueblo de ratas, agujereada de señales, de alarmas, de puntitos ruidosos, vacíos, como la tela de un rollo de música en la pianola perpetua de su mujer?

Las cinco y media. Ahora, el reloj de la capilla había sido el único en sonar. Semejante a la primera estrella del crepúsculo, su campanada solitaria, trémula, había endulzado completamente la tarde. ¿Cuánto tiempo transcurriría antes de que naciese otra estrella, antes de que otra campanada sonase? En la sombra, tranquila, el viento jugaba ya a equivocar los perfumes. Tejido con el de las madreselvas del patio, que la noche acariciaba de lejos, antes aun de llegar, el olor inmediato de los establos resultaba demasiado compacto, demasiado macizo, demasiado presente, cortesía de provinciano sin elegancia que no se decide a decir adiós.

Don Paco se sorprendió al pensar sin disgusto en estos detalles, que le confirmaban en sus sospechas. En efecto, los muchachos no habían procedido al aseo de ciertos sitios con el escrúpulo que la visita del *Coyote* le había hecho recomendarles.

—Siempre lo mismo. Tendré que intervenir en todo. Mirarlo todo. Vivir pendiente de todo.

Lo dijo en voz alta, cuando nadie estaba allí para oirle, porque deseaba probarse a sí mismo su cólera. Pero lo cierto era que aquel hedor no le repugnaba. ¡Ojalá el *Coyote* tuviese oportunidad de advertirlo! ¡Ojalá le enterase él de la poca importancia que se concedía allí a su presencia! A Don Paco, en lo más íntimo, un interlocutor invisible le sugería: —¡Que aprenda! ¡Que vea que no le temes! Eso. ¡Que sepa que ya no te preocupas por él!

Las recomendaciones que todavía una hora antes había hecho a su esposa le avergonzaban. —Que preparase el *guajolote* más gordo para la cena. —Que tuviese bañado a Paquito, por si el compadre mostraba deseos de conocerlo. —Que fuera a comprar a Encinillas coñac del bueno, del que a él le gustaba, "de cinco letras", como el que bebían cuando se hallaban acuartelados en Zacatecas, en la taberna del *güero* Márquez, frente a la estación del ferrocarril.

Todo el interés que había tomado por disponer la vivienda para aquella visita se le subía ahora a las sienes, en odio, dentro de una oleada de sangre. ¡Si el *Coyote* lo hubiera visto vigilar en persona ciertos detalles: exigir que no le faltase ropa limpia en la cama, procurar que hubiese candelas nuevas en las palmatorias, comprobar que las maderas de la ventana cerrasen bien! Don Paco imaginaba la risa del compadre lacónico, siempre mal adherida a la boca, mascada siempre, como el cigarro que encendía al galope, con las dos manos, en mitad de la sierra, sin que se diera el caso de que el caballo lo disparase a las peñas, en las subidas, cuando el fósforo resistía a encenderse, tardío, entre lo inesperado del viento.

Porque nadie sabía montar como él. En el disgusto de su regreso, la rectitud de Don Paco se hacía violencias por no concederle en seguida esta cualidad de centauro. Su fantasía —de mayor pereza o de mejor estilo que su memoria— no le reproducía de pronto la silueta de su compadre sino a caballo, en los triunfos del jaripeo, con el largo lazo corrido al arzón de la silla vaquera, frente a la cantina improvisada del batallón.

O —mejor aún— entre los flancos agrestes de algún desfiladero del Norte, costeando el insomnio de los rurales. O perseguido, a dos leguas de distancia, por un escuadrón de refresco, que no se atrevería a cazarlo, pero que no se resignaba a dejarlo ir.

Las seis menos cuarto. Tres toques breves, escapados a la campanita de la capilla, vinieron a interrumpir la meditación de Don Paco. Sólo treinta minutos faltaban para la llegada del *Coyote* y la estación de Las Huertas estaba a doce kilómetros de Encinillas. Habría que prescindir del auxilio de los caballos que el asistente tenía dispuestos, desde las cuatro y media, con las sillas de lujo, de fino cuero labrado. Sería mejor aprovechar el automóvil de la hacienda, un viejo *Ford* sin frenos, de resonante carrocería, pero de motor todavía juvenil.

Una vez bajo el cobertizo de lámina en que el aparato compartía la herrumbre y el sueño temprano de las gallinas, Don Paco se sintió presa de una infinita indecisión.

¿Iría?... El proyecto de no ir era de aquellos que un espíritu como el suyo no se atrevía siquiera a formular en voz baja. Sin embargo, disimulándolo, su repugnancia de volver a abrazar al *Coyote* le insinuaba, a última hora, mil invenciones para permancer en el rancho. O, al menos, para dejar al compadre aguardándole un rato largo en la estación. Pero no. Tampoco una malicia de este linaje era de las que podían halagar al *Coyote*... Don Paco lo sabía demasiado bien.

Todavía inseguro, dió una vuelta a la manivela. Dentro del cofre, el ruido de la descarga eléctrica le tranquilizó. Como todos los días, cuando echaba a andar el automóvil, creyó sentir que una relación misteriosa se establecía entre su voluntad y la máquina, a lo largo de cuyos émbolos iba y venía su cólera, lubrificada por el aceite, mordida y remordida por el desgaste de la velocidad.

Ya en camino, sus ojos fueron reconociendo —de un lado y otro de la carretera— los accidentes en un paisaje menudo, sin morbideces, que la costumbre enriquecía con la familiaridad pero no ensombrecía aún con el tedio. Como tres años antes, al mirarlo por vez primera, en la inversión de los términos en que lo distribuía la llegada, Don Paco se comprendía dichoso, lleno de confianza en sí mismo, satisfecho del nuevo pacto que acababa de firmar con la vida.

¿Qué proverbio le había hecho advertir, desde joven, el parecido de aquellos cambios de su existencia con los de la piel en el cuerpo de ciertas víboras? Su carácter, incapaz de una renovación sistemática, de un endurecimiento de todos los días, insistía durante un número determinado de meses en una misma tarea. Pero, de pronto, una violencia se erguía en él. Un asco lo separaba del surco que había trazado hasta ese momento con entereza. Todo le parecía engañoso. Su dicha, sus fuerzas, sus esperanzas, habían cambiado en una sola noche de aspecto. Se había acostado poderoso, con el orgullo de una labor poseída. Amanecía miserable, atravesado de voluntades estériles, con el sabor de una plenitud repugnante en la boca.

Una de estas crisis lo había desprendido de su compadre, algunos meses antes de resolverse a vivir en aquel lugar, a dos días de distancia de Zacatecas, lejos de todo lo que había tenido alguna vez un color y un dibujo precisos para su alma.

Nada hubiera podido hacerle olvidar los detalles de aquella despedida, que no supo —o no quiso— tener el alcance de una ruptura. Las tropas del *Coyote* acababan de regresar a Zacatecas, después de una excursión afortunada por las inmediaciones de Fresnillo, que los contrarios habían defendido sin intrepidez. El botín había prolongado el regreso. Pero ¿quién pensaba en quejarse del motivo de aquella lentitud?... Era de noche, en diciembre. Para recibir a sus hombres, las soldaderas habían encendido en las plazas de Zacatecas grandes fogatas de leña, con ramas tiernas que ardían a saltos, como sus risas, tan pronto exageradas por un trago de aguardiente, como interrumpidas luego por un acceso de tos. Al *Coyote*, aquellos regocijos después del triunfo le aletargaban por poco tiempo la ira. Una vez en su casa, en su alcoba, frente al retrato de los amigos que había tenido que fusilar para conservar en obediencia, el pensamiento de las semanas de inacción que le amenazaban le envilecía súbitamente la gloria. En esos minutos crueles, en que tocaba con todo el ser la inutilidad sombría de su esfuerzo, hubiera ahorcado al primero que se negase a satisfacer sus caprichos. Los capitanes, que lo sabían, evitaban su trato. Y, para no irritarlo todavía más con el espectáculo de su cobardía, lo rodeaban de mujeres, de ocios, de voces blandas, de resistencias humildes, como se guarda —entre algodones— una botella de nitroglicerina.

Camino de Las Huertas, Don Paco se sorprendía aún de haber elegido una de aquellas horas para expresarle el deseo de separarse de él.

Todavía entonces, a tres años de distancia de la entrevista, hubiera podido precisar sus exactitudes más nimias. El *Coyote* se encontraba a caballo, sobre una silla, frente al espejo de una consola. El *güero* Márquez lo había invitado para ir a celebrar la proeza con una juerga en su casa. Estaba afeitándose para ir.

Al ver a Don Paco, sus ojos se inundaron de malicia.

—¡Qué pronto viene a verme, compadre! —le dijo— ¿No hallaba qué hacer en su casa? ¿Se aburría de estar solito?

Cualquiera hubiese advertido la intención desdeñosa de aquel saludo, pero a Don Paco le convenía disimular.

—De veras, no me resolvía a cenar sin venir a verlo... Tengo que hablarle.

—¿Buenas noticias?

—Depende...

El ruido de la navaja, al correr sobre la curva de una de las mejilla vellosas, lo interrumpió. El *Coyote* se afeitaba con movimientos alegres, de director de orquesta, a grandes trazos del acero en el aire. La timidez de Don Paco le pareció más certera que una lisonja.

—No se ande buscando veredas para decir lo que viene a decirme. Usted no era de esos. Por eso me gustaba.

Una acogida de esta índole no podía sino inquietar a Don Paco. Su prudencia lo hizo más receloso.

—¡Ah, qué mi compadre tan fino! —dijo en voz blanca, sin doble fondo, como si se sintiese penetrado hasta la transparencia por la astucia velada de su interlocutor.

—¿Por qué me pregunta entonces si estoy aburrido?

El *Coyote*, que había terminado de afeitarse la mejilla derecha, dejó la navaja en su sitio, sobre el mármol de la consola y se puso a humedecer en el agua tibia de un vaso el resto de su barra de jabón.

—Porque de eso tiene usted cara, desde hace tiempo...

Hubo una pausa.

—¿O me equivoco?

Sobre la mesa que le servía de escritorio, el *Coyote* había esparcido, al entrar, una pila de periódicos atrasados en que se hablaba de sus últimos éxitos. Don Paco desplegó uno de los que creyó más a mano. Tenía miedo de las conversaciones demasiado directas. No contestó.

Mientras tanto, el *Coyote* se dispuso a suavizar la hoja de la navaja sobre la tira de cuero que había suspendido a la pared.

—No tengo prisa —dijo después de varios segundos, contados por el vaivén de su mano sobre aquel columpio de aire. —No tengo prisa. Ya me lo dirá.

De pronto, la idea de estar desaprovechando la única oportunidad efectiva para hablar "de hombre a hombre" con su jefe vino a alterar la serenidad de Don Paco. Dentro del espejo de la consola, el semblante apoplético del *Coyote* le sonreía, con medio rostro deshecho por un eclipse de espuma. Afuera, en las calles, un grupo de soldados pasó cantando la Valentina. Las notas, agravadas por la ronquera de las gargantas que el tequila se había encargado ya de esmerilar, dejaron entre los dos compadres un hueco vivo, profundo, encharcado de ausencias.

Don Paco dejó que el silencio se hiciese nuevamente compacto en torno a la grieta de la navaja, que seguía raspando la piel. Entonces, arrojando el periódico al suelo, para decidirse a las grandes violencias por medio de las otras, menos difíciles, se puso a decir todo el descontento que aquella última lucha había acumulado en su alma, todo su tedio, todo su deseo de disfrutar de una vida distinta, más cercana a la tierra, más parecida a la que le habían enseñado a vivir sus abuelos.

El *Coyote* le oía pacientemente, bajo el duchazo eléctrico de la lámpara, que le disolvía los rasgos en el espejo, como el disparo de un pulverizador. —Estas cosas debe procurar hacerlas siempre uno mismo— decía a quienes le reprochaban la ausencia de un buen barbero en el séquito de su servidumbre. Y añadía, en honor de las damas: —¿Cómo voy a consentir en que un macho me pasee la mano sobre la cara?... Pero lo cierto era que la idea de soportar durante un cuarto de hora, todos los días, el filo de una navaja desconocida le hacía preferible aquella esclavitud, de la que salía rejuvenecido, pero impaciente.

En voz grave, pausada, como si no pretendiese aún contestar el discurso de Don Paco, sino resumirlo en sí mismo y apreciar cada uno de sus argumentos, precisó:

—Con que quiere dejarme... ¿Y para qué?

—No sé todavía... Para casarme... Para no padecer ya de estos *reumas* que me producen los aguaceros, las marchas de noche, el sueño sobre el estiércol... Para vivir como todos...

Al *Coyote*, una sospecha tremenda le ensombreció. ¿Y si fueran mentiras aquellos votos? ¿Y si lo que el compadre quería era traicionarlo, vender sus guaridas secretas, ganar con sus propias cartas —marcadas— el juego empezado por sus rivales? Bajo la gruesa capa de talco que cubría ya sus facciones, la cólera hizo perceptibles la dirección y el volumen de cada músculo. Durante un espacio de fuego —lo que dura una flecha en el aire— los ojos del *Coyote* se poblaron de sombras, de huellas vastas, como la hierba, junto a los ríos, en los vados que acaba de estremecer un jaguar.

Don Paco adivinó el torbellino en que estaba girando aquella conciencia. Una palabra torpe, una pregunta, una

97

insistencia inoportuna de la voz podían dirigir contra él toda una máquina de desastres. Por un momento, no supo qué actitud tomar. La decisión que le había hecho levantarse de la silla algunos minutos antes, para dar mayor fuerza de convencimiento a su instancia, le perjudicaba ahora gravemente, colocándolo —ante los ojos del *Coyote*— en un plano indebido de superioridad. Pausadamente, como si no concediese importancia a las ventajas que abandonaba, se aproximó de nuevo a la mesa, buscó un periódico, volvió la espalda a su huésped, se puso a merced de su mal humor. ¡Una bala nace tan pronto entre dos amigos!... Sin embargo, no tuvo miedo, sino una especie de aguda, de caliente y aguda curiosidad.

El brazo que tendió hacia la silla, para sentarse, dejó descubierto el sitio del cinturón en que hubiera debido lucir el mango de concha de su pistola. Los ojos del *Coyote* adivinaron en seguida la ausencia del arma. Sus inquietudes se sintieron adormecidas. Con la confianza, la sonrisa volvió a quebrar las facciones enharinadas de su semblante redondo, de payaso terrible, en que la desaparición de la cólera borraba los músculos, en que la desaparición de los músculos cavaba profundamente, junto a los labios, el pliegue seco de las mejillas.

—Para vivir como todos... —insinuó con desprecio, continuando la plática en el mismo punto en que su recelo la había interrumpido. —Para vivir como todos no se lucha dos años y medio, ni se deja uno herir cuatro veces, ni se procuran ascensos... ¡Para casarse! ¡Eso sí que estuvo mejor! Como si le importasen mucho las bendiciones de un cura. ¿No se acuerda ya de todas las viejas que le he conocido? ¿De Eufrasia, la hija del Director de Correos de Nochistlán? ¿Y de Camila, la tapatía que lo curó de aquellas fiebres que le dieron en Lagos?

Era cierto. No habían sido mujeres, mujeres sumisas, mujeres heroicas, las que la vida le había negado en esos años de lucha. Pechos desnudos, de piel morena, en que el cansancio de los caminos dejaba caer una cabeza postrada, una cabeza sin sueños... Todavía ahora, al evocar el tiempo aquel dentro del automóvil que lo llevaba de nuevo hacia el *Coyote*, Don Paco no estaba muy seguro de no añorar los buenos desahogos de entonces, las entradas a saco por los pueblitos de la frontera, la cobardía de las madres, el baile de los soldados con las muchachas, el olor del tequila, las noches en que el gemido voluptuoso de los metales, en el concierto de las bandas, ahogaba el reproche de las mujeres despojadas, rendidas, sobre el desierto de un lecho sin amor.

¡Cómo corría el *Ford* por la carretera de Las Huertas, ahora que el caminito empedrado de Encinillas había quedado a la izquierda, a un lado del Rastro, entre las escaramuzas de los árboles que no se decidían a tomar por sorpresa la población! Don Paco lo aceleraba por el declive de las cuestas, para ganar mejor las subidas. En lo alto, excedido, el motor latía con frecuencia, como si fuese a estallar. En un *Fordcito* semejante había salido de Zacatecas, disfrazado de mecánico, el día en que el *Coyote* le había dado permiso para retirarse, después de la noche de aquella conversación.

—Bueno —le había dicho. Váyase, si quiere. Pero pronto, antes de que me vuelva a arrepentir.

—No se disguste, compadre —le había contestado Don Paco. Ya sabe que el día que me necesite, me llama. Yo estaré con usted.

Pero era falso. Ahora lo comprendía mejor que nunca. Ahora, que iba a recibirlo a Las Huertas, para llevarlo a cenar a la hacienda, para hacerlo —contra toda su voluntad— ingresar en la intimidad de su casa. Los recuerdos se deslizaban tímidamente sobre su espíritu, en sentido contrario al de la rapidez del vehículo, que aquel obstáculo invisible iba convirtiendo en lentitud. Mezclado a sus escenas robustas, el paisaje resultaba casi raquítico, empequeñecido por la distancia, demasiado bien dibujado por la ausencia misma del sol. A Don Paco, nunca le había parecido más delgado un crepúsculo. Ni tan doradas las mieses junto a las bardas. Ni tan agudo el compás con que las golondrinas medían la circunferencia del cielo. Lejos de la hacienda, la claridad del aire cobraba una transparencia y una sonoridad de cristal. En ella, cada rumor vibraba largo tiempo, largo tiempo, como el chasquido de un remo en el agua. Para mejor gozar de esa pausa —que sus sentidos pedían— Don Paco paró el automóvil. Faltaba solamente un kilómetro para llegar a Las Huertas. No eran sino las seis y cinco. Sobraba tiempo para ser puntual. Fuera del coche, el viento rizaba las copas de los álamos. Un mugido remoto, un temblor de cencerros, una nube de oro en la ruta anunciaban el regreso de los rebaños. En las chozas, los labriegos iban encendiendo las lámparas. Don Paco las reconocía —a todas— por la intensidad o la timidez de su brillo. Aquélla, de párpados tenues, era la de Cristina, la hermana del Administrador. Esa otra, cobriza, oxidada por la humedad de las ramas que desbordaban sobre ella de lo alto de los tejados, era la de Matías, el profesor de la Escuela Primaria. El año próximo, en febrero, Paquito iría también allí.

La idea de su muchacho sentado sobre una banca de párvulos, en la escuela, frente a las mayúsculas y a las minúsculas de que está hecha, en el fondo, la sabiduría total de los hombres, le dió un intervalo de gloria. Si a él le hubiesen proporcionado sus padres, cuando era niño, la instrucción de que había debido proveerse de hombre, a saltos mortales, entre el acoso y la sed ¡qué vida distinta hubiera sido la suya! Todo lo malo de sus acciones pasadas le subía de golpe a la boca, confuso, en una náusea demasiado física para convenir a la idea de un remordimiento moral.

—He sido malo —se puso a pensar en voz alta. —He sido malo... Una hoja desprendida de lo alto de los álamos que cubrían ahora su coche le acarició al caer la mano derecha, sujeta aún al volante. ¡Qué mundo de delicias cabe en el contacto de una hoja que nos alude, que nos despierta, que disminuye y recompensa nuestra soledad!

Tenemos las cualidades de nuestros defectos. ¿Cómo sabríamos ser generosos sin derroche, ardientes sin impaciencia, tristes sin debilidad? A Don Paco lo que más le dolía, en ese momento, era no poder desprenderse de la grotesca imagen de su compadre, con los pantalones estrechos, de paño negro, la chaquetilla de cuero sobre los hombros y los colmillos agudos de las pistolas asomando entre las balas dentadas del cinturón. —Ahora —pensaba— regresará a exigirme que le acompañe, que abandone lo que he logrado: mi casa, Paquito, el respeto y la ternura de mi mujer...

No cabía duda. ¿Para qué otra cosa hubiera pensado en él? No pertenecía por cierto el *Coyote* a ese linaje de hombres que necesitan de un amigo para compartir los placeres. Tenía egoístas el vino y la buena fortuna. No era generoso sino de sus peligros. A Luis Gutiérrez, que le salvó la vida en Ensenada, lo había mandado fusilar por no haber querido revelarle el refugio de su padrastro, acusado de una improbable complicidad con los enemigos. Y a Gregorio, que se resistía a reunirse a sus tropas, después de un año y medio de licencia ¿no le había incendiado la casa, con la mujer y los hijos, para que no tuviese siquiera el pretexto de un nuevo deber?

De antemano, Don Paco se consideraba vencido. Todo cuanto el *Coyote* le exigiese, lo entregaría. No era cobarde. Los peones de la hacienda lo habían visto, de un solo tajo de machete, cortarse el pulgar de la mano izquierda el día en que le picó una víbora de cascabel. Pero, ante la imagen del jefe, se sentía sin fuerzas, desierto y flojo, como la memoria de un enfermo frente a la mirada del hipnotizador.

No faltaban ya sino algunos minutos para la hora en que el tren debería detenerse en Las Huertas. Resignándose, Don Paco volvió a poner en marcha el vehículo. A lo lejos, se oía ya el aullido largo de la locomotora, oprimido por la garganta del túnel.

Cuanto más caminaba, más iba estrechándose el sendero de un lado y otro del coche. A los flancos verdes de la carretera, la cercanía de la ciudad había sustituido las primeras casas de los suburbios. Y ahora, en una estridencia de voces y de colores, las calles del centro alineaban sus escaparates, sus ruidos, los anuncios de sus cantinas, sus ventanas curiosas en que la silueta de una mujer reclinada hacía de improviso profunda, profunda y deseable, la intimidad presentida de alguna alcoba.

Poco a poco, al temor de ver al *Coyote*, Don Paco fué añadiendo el peligro y la vergüenza de volver a encontrarse a sí mismo, como era tres años antes, en esa condición que le abochornaba. ¿Con qué ojos vería después a su esposa, a Paquito, a los compañeros y a los criados de la hacienda? La presencia del *Coyote*, por contraste, ¿qué diversión les devolvería? Había demasiado aire libre en el menor de sus ademanes. Las puertas más silenciosas

—las más herméticas— no se sabrían cerrar sobre él. Por vez primera, el tamaño de su amo iba a ofrecerle una medida, un término de comparación con el mundo. ¿Valdría la pena utilizarlo?

Obediente a la oscilación de sus reflexiones, el automóvil se detenía, se apresuraba, se detenía de nuevo, estaba apunto de enloquecer. En una calle, más estrecha que otras, sólo un rápido esguince le salvó de atropellar a un muchacho, que llevaba un bulto de ropa sucia sostenido en la espalda.

—Oiga, ¿no me conoce? le dijo riendo al llegar a la acera. Debía ser uno de los chicos de Don Tobías, el viejo sastre que no acababa nunca de hacerle el par de americanas de paño que le había encargado para el invierno. Don Paco no contestó. Dentro de su inteligencia, clavada en un solo sentido, no cabían ya puntos de contacto con nadie. Ninguna tangente podía estremecer la velocidad de aquella circunferencia invisible, que se mordía y se continuaba a sí misma. La hacienda, los campos, el paisaje, el aullido de la locomotora, todo lo que había andado en un sentido contrario, tres años antes, al venir de Zacatecas, lo estaba desandando, como en un sueño, entre las risas de los chicos y el parpadeo de los faroles. Una voz lúcida, que no había sonado nunca en sí mismo, le advertía que la entrevista con el *Coyote* no sería sino la prolongación de la plática que acababa de recordar. Aquel hombre seguía siendo su amo. Le tenía cogido por todas las raíces de la vileza en que le había enseñado a pedir. Veía sus ojos, amarillentos, enturbiados aún por la pólvora de Fresnillo. Veía sus manos, en el esfuerzo de suavizar la navaja sobre la tira de cuero que había colgado a la pared. Y le oía decir en voz baja, frente a un espejo: —No tengo prisa, no tengo prisa... Ya me lo dirá.

103

¿Por qué basta una sola insistencia del alma para descubrir el engaño de que están hechas nuestras sensaciones? El olor de la tierra, la frescura del aire, el parpadeo de las luces le parecían a Don Paco otras tantas frases de un idioma difícil, que sus sentidos no conseguían ya traducir al lenguaje de sus experiencias recientes. Una fuerza expresiva les daba ahora, al contrario, la concisión que habían tenido en otro lugar, en otro tiempo cuando la frescura del aire no significaba el retorno de las cosechas, sino el temor de la lluvia para las marchas; cuando el parpadeo de los faroles no anunciaba la noche de las ciudades pacíficas, sino el peligro de los hombres, su angustia, el hastío y la fiebre de las aldeas en que no se puede dormir sin violar.

¿Desde cuándo había quedado atrás la estación de Las Huertas? No hubiera podido decirlo. Las calles habían disminuído, se habían despoblado, comenzaban a desaparecer. La noche se hacía cada vez más espesa, la carretera más defectuosa. El automóvil no cesaba de saltar. En un recodo, ya en campo abierto, el brillo de los fanales dejó de impregnar la tierra porosa de la ruta. Rápidamente, su espiga se adhirió a la velocidad de unos rieles bruñidos. Era la vía del ferrocarril. El tren en que debía haber llegado el *Coyote* no se detenía en Las Huertas sino el tiempo preciso para entregar el correo. A esa hora, por ese sitio estaría próximo a pasar. Don Paco sabía todo aquello perfectamente. Por prudencia, hubiera debido detener su automóvil, sonar el claxon... No lo intentó.

El silbido de la caldera rayó la noche. Los frenos de aire comprimido sacudieron todas las vértebras de los carros. Un cuerpo duro, rígido y frágil, crujió bajo las ruedas del convoy.

Cuando los garroteros bajaron a darse cuenta de la desgracia, hallaron un automóvil desecho. En el volante, los restos de un hombre alto, membrudo, de cuarenta años probables, con una sortija de oro en el índice de la mano derecha. Ninguno de los viajeros que la curiosidad reunía en torno al cadáver lo supo reconocer.

Contrariado por el percance, el conductor inició la defensa del maquinista:

—No sonó el claxon. No se detuvo. Parecía que alguien venía persiguiéndolo.

Al oírle, algunos espectadores apartaron los ojos de la vía. Luego, sin saber por qué, los apoyaron en la noche, sobre la carretera, con una mirada de interrogación.

GALERÍA NOCTURNA

I

A las nueve y cuarto, concluída la cena, Ada comprendió al fin la imposibilidad de que esa noche se deslizase como todas, entre su padre y ella, roída sobre el cuaderno de apuntes por el ratón de su estilográfica o cortada, en silenciosas fracciones de quince minutos, por el reloj del Hospicio. ¿Qué interés podían tener ya, para ese corazón de mujer prometido a la gula del hombre, los héroes de sus libros favoritos? ¿Cómo conceder importancia a las aventuras de un broche de diamantes —aunque fuese el de Ana de Austria, en *Los Tres Mosqueteros*— y apasionarse aún por la felicidad de tanto bárbaro decadente como Flaubert modelara, en el friso de su relato, junto al torso de Salammbô?... Ni madame Bonacieux, con su afelpada garganta de burguesita en celo, ni el gran sacerdote de Cartago con su enorme oratoria de bandido prolijo la seducían.

La cena, no obstante, transcurrió sin tristeza, bajo la luz maciza de la lámpara en cuyo círculo había encendido Ada las tres bombillas, generosa de pronto de la electricidad como sólo en ciertas horas excepcionales se per-

Fragmento de la novela *Condenado a vida*, próxima a aparecer. *Revista de Occidente*, Madrid, XXXVI, núm. 108, 1932, pp. 331-352.

mitía el lujo de serlo: el 24 de diciembre, la noche de San Silvestre... El 18 de junio, en que su padre cumplía años. Hasta la sopa de lentejas que el menú de los miércoles imponía, con el ritmo de una fiebre periódica, al apetito de aquellos solitarios, le pareció de un sabor imprevisto, nuevo. La elogió expresamente, felicitándose de no haber despedido a Zenobia, la pobre vieja asistenta que todos los días, de cinco a siete, a la hora en que se cometen los adulterios, los conciertos, los tés, las lecciones de baile, iba a poblar la cocina con los fantasmas de sus monólogos. A los postres, para desahogar su optimismo, quiso ser ella quien primero pensara en el cigarrillo que su padre tenía costumbre de fumar, antes de su taza de tila, mientras el agua para la infusión hervía sobre el infiernillo de petróleo y las manos de su hija levantaban la mesa, lavaban los platos, iban y venían, blancas sonámbulas, en el paraíso de las cosas reconocidas.

Estaba contenta. Y, sin embargo, no. No se creía aún con derecho a afirmarlo. ¿Qué dios burlón la llevó a las dos de la tarde, aquel día, a ese restaurante de lujo en que estaba almorzando Mateo? Sus recursos, habitualmente, no le consentían tales caprichos. Mejor que nadie lo sabía ella misma, a quien la más suave insistencia de un acreedor indiscreto ruborizaba. ¿Por qué, entonces, sabiéndolo, eligió ese sitio y no otro, de precios más accesibles? Esa fonda italiana, por lo menos —de cocina modesta, pero segura—, en la que entraba a veces, al mediodía, cuando algún quehacer oportuno o, simplemente, el deseo de comer sola la inducía a no ir a su casa...

¡El sol brillaba tan dulcemente! La primavera, aquella vez, había estrenado un modo tan tenue de pájaros, un color tan feliz de automóviles, una marca tan célebre de cerezos... Las calles por donde andaba no contenían sino almacenes de objetos inútiles. Ni una farmacia. Ni una tienda de ropa. Ni una panadería. La enfermedad, el invierno y el hambre parecían definitivamente excluídos del mundo. Donde sus ojos hubiesen descubierto, dos meses antes, el anuncio de un tubo de aspirina, la afirmación de una torta o la realidad de una camiseta, le sonreía ahora, de improviso, la boca de una muñeca rubia, con una diadema de perlas sobre la frente, en el escaparate de una joyería, o le volvía la espalda —¡qué espalda tersa, concisa!— el maniquí de una casa de artículos para deportes. Se sentía joven, libre, casi elegante. Cierta florista se acercó a ofrecerle un ramo de orquídeas. Dos meses antes, al verla pasar por allí dentro de su abrigo friolento de falsa nutria, aquella chica le hubiese tendido, a lo sumo, un puñado de violetas.

Rechazó las orquídeas. Pero no preguntó su precio. Quería darse el placer de desdeñarlas. Quería pensarse rica. Rica. Por eso, después de una vacilación instantánea, desoyendo toda prudencia, se dejó absorber por la puerta del establecimiento que, diez minutos antes, atrajera a Mateo.

¿Fortuna? ¿Desastre? Nadie podía augurarlo. Presente de mujer, mensaje secreto... Sólo el futuro del hombre a quien amará conoce la clave. para descifrarlo, se requiere mucho tiempo, mucha indulgencia. A veces, toda una vida. Luego, cuando se le sabría leer fácilmente, sin obstáculos, lo que dice ya no nos interesa. La noticia perdió su atractivo. Se refiere a un personaje que murió dentro de nosotros muchos años antes. La visita que anunciaba, desesperada de aguardarnos, se fué sin despedirse.

Era mejor no analizar los motivos que le habían hecho fijarse en Mateo, seguirle; entregarle después, en esa extraña persecución por calles y plazas, la porción más dorada y más tierna de su tarde magnífica. ¡Había razonado siempre, con dialéctica tan precisa, cada una de sus actitudes frente a los hombres! Acaso a ese deseo suyo de no permitir al azar la más leve intervención en sus asuntos sentimentales se debiera, en el fondo, la mediocridad de sus idilios. Acaso lo que esos jóvenes buscaban —y no encontraban en ella, al seguirla, después del trabajo— era eso precisamente: un hueco, el pequeño hueco de ausencia, de incomodidad y de ansia, por donde se filtra, en las conciencias más firmes, el aire de la aventura. Sus pasos, sus pausas, sus ojos, su espíritu mismo, se hallaban trazados según el plano de un edificio lógico, de sistemática planta. Su presencia, para todos, era un acto de certidumbre. Cerraba el debate. Prohibía las dudas. ¿A qué negarlo? El convencimiento de haberla visto abolía a menudo, en los hombres, el deseo de verla otra vez.

Se quejó sordamente. Un cuchillo de los que estaba acomodando en el cajón del trinchero le había herido la mano. Al escuchar su gemido, los ojos del paralítico se velaron con una niebla impalpable, menos rápida en desaparecer que, en el cuerpo de otras personas, un movimiento de afecto. No era nada. Un trozo de algodón, una gota de alcohol o de yodo. Mañana, de aquel rasguño leve, no quedaría sino una cicatriz diminuta, otra línea de oro, la ceniza, acaso, de una llamita invisible. Sin embargo, mientras se enjugaba la herida en los pliegues de un paño limpio, Ada no reprimió su disgusto. ¿Sería aquello el aviso de una voluntad misteriosa en su contra? Las más necias supersticiones han nacido, así, de una espera, en la indecisión de un momento de angustia, de las preguntas que se propone, frente a un espejo, la mujer que se cree amada.

Después de todo, no había razón para afligirse. Una

herida como ésa, reciente, era el consuelo mejor que podía llevarle a Mateo. ¿No adivinaba en él, a primera vista, el horror de haber encarnado, tras la tortura del Manicomio, dentro de un organismo sin tacha?... Una cicatriz en la mano es lo que más se parece a una isla. Su soledad conmovedora, sus bordes y, sobre todo, los riesgos de su fragilidad evidente nos reconcilian con el mundo. Casi quisiéramos agradecerle a Dios, favor especialísimo, esa delicadeza suya de no hacer de la Tierra en que vivimos un planeta impecable, sin huecos, o de la mano que estrechamos una mano de bronce, sin poros. Isla o cicatriz, Ada se besó con fervor el pulgar herido. Resucitado, por un azar de la medicina, en la integridad de una piel sin remiendos, Mateo apreciaría, más adelante, la caricia de aquel inválido.

Sólo entonces, al ocurrírsele ese pensamiento piadoso, comprendió Ada completamente cuál debería ser su línea de conducta en el trato con Mateo. Por fuerza una mujer normal tenía que parecerle compacta, difícil, construída con piezas demasiado bien ajustadas. La continuidad de su memoria, de sus virtudes, de sus defectos, era motivo bastante para causarle una impresión de aspereza. A toda costa, había que evitarlo.

Inventó una mentira.

—Papá, Juana me habló por teléfono esta tarde. Tiene descompuesto su coche. Por eso no fué a recogerme al Colegio.

El paralítico la observó con tristeza. Hacía varios meses que su hija no le consagraba una frase tan larga, tan respetuosa. ¿Qué fin se propondría?

—Se me olvidaba —añadió Ada, dirigiéndose al armario donde guardaba su Gramática Francesa, las novelas de Flaubert y de Dumas—; también me dijo Juana que esta noche, en casa de sus tíos, celebran el cumpleaños de su primo Felipe.

La atención del enfermo se hizo más aguda. Siempre le irritaba oír pronunciar a su hija el nombre de un desconocido. De espaldas, Ada adivinó la pregunta que sus ojos le dirigían.

—Es claro —explicó en seguida, mezclando en la voz la impaciencia al cariño como el pintor sobre la paleta, para lograr un matiz difícil, dos colores opuestos, complementarios—. Nunca te fijas en lo que digo. El primo Juan es aquel joven que nos llevó al cinematógrafo, hace dos meses. ¿Te acuerdas? La tarde en que llovió tanto, cuando pesqué aquel catarro...

El paralítico recordaba, efectivamente, esa tarde de febrero —un domingo— en que Ada había ido con Juana al cinematógrafo. Pero la existencia del primo Felipe, de ser ella cierta, no le había sido nunca revelada. De eso, estaba seguro.

Ada, mientras tanto, disponía ya sobre la mesa los libros para su lectura de la noche. De pronto, se volvió hacia su padre.

—Dime, ¿te molestaría que asistiese a esa fiesta? Al principio, no acepté por no contrariarte. Juana no podía venir a buscarme como otras veces, pero hace una noche tan tibia... No tengo sueño...

Su decisión estaba tomada. Fuera cual fuese la actitud de su padre, saldría. Y no para dirigirse al domicilio de esa familia irreal —que sólo existía en la mente del paralítico—, sino para sentirse dueña de sí misma, libre, fuera del cuarto que no conocía aún a Mateo, lejos de la mesa que no le querría, de la alfombra sin lealtad que procuraría hacerle rodar por el piso, lejos del espejo que no aceptaría su rostro, del cenicero en que sus cigarrillos no se apagarían nunca y del frío reloj de metal que no intentaría el menor esfuerzo por contarle un minuto más suave o más lento de vida en la serie de los sesenta iguales minutos de sus horas tediosas, inexorablemente geométricas e inhumanas.

Por fortuna, no tuvo necesidad de retocar su mentira, de presentarla al enfermo con tonos más verosímiles. El viejo no había tardado en descubrirla, pero fingía aceptarla. Atado como se hallaba a ese potro de un cuerpo desobediente, cualquier voluntad de evasión le parecía en seguida plausible. Los cuidados con que su hija le ayudó después a desnudarse, la suavidad con que le introdujo en el lecho y, sobre todo, el silencioso ademán con que corrió las sábanas frescas sobre sus brazos, le dieron más tarde una impresión deliciosa, de recompensa.

II

Afuera, por las calles dormidas, la noche olía ya a césped reciente, a jardines todavía aprendices, a flores acabadas de barnizar. La primavera, aquel año, había entrado tan pronto, con tanta fiebre, que se advertía en la prisa del aire, en la fragilidad de su aroma y en el sobresalto de cada hojita de fresno mal enrollada sobre la rama, la lentitud del invierno. Frente a esa pubertad de la noche, un político hubiera previsto un cambio de régimen. Como ante una retirada inexplicable del enemigo, un militar experimentado habría recomendado prudencia. Un profesor de Historia, pensando en los Cien Días, se hubiese visto en el caso de releer a Napoleón.

Ada, más modesta, no se sentía capaz de desentrañar por sí misma el silencio lleno de imperceptibles murmullos que la iba acompañando en su marcha. Detrás de las rejas, en la oscuridad de los parques, bajo la sombra de los grandes pinos inmóviles, un oído menos juvenil —el oído de un padre paralítico, por ejemplo— habría adivinado todo el ir y venir cauteloso de mil fuerzas en obra. Un escalofrío tierno, un musgo, la palpitación de una oruga, el crujido de una yema demasiado repleta... ¡Cuántos duendes no necesita poner en movimiento el jardín para despertar a una rosa! Pero no, ni la más larga enfermedad, ni el más estricto poeta hubieran sido capaces de educar ese oído indolente, de virgen. Para su cuerpo, de tres dimensiones constantes, la Naturaleza no podía expresarse sino con tópicos, por medio de bocinas reconocidas, desde tribunas tradicionales, como el capitán de una embarcación en peligro o el acusador de un gran rey destronado. Nada de cuanto constituye, en un liceo de señoritas, el encanto de la primera flor y la conversación en torno al primer rayo de luna conseguiría convencerla. Era un alma egoísta. Con la misma resignación con que se plegaba a los beneficios de la cultura admitía las benignidades del clima, sin agradecerle a Pasteur la vacuna que había logrado salvarla, a los ocho años, de una epidemia de viruela, ni preguntar por qué los días de septiembre son más dorados que los de marzo y las naranjas de enero tienen más miel que las de noviembre.

La pobreza le había enseñado a no comprar sino trajes hechos, a no leer sino libros clásicos y a sustituir, en lo posible, el derroche que supone el billete de un gran concierto por el dinero que se utiliza en el disco de una pequeña vitrola. Todo cuanto implica un esfuerzo particular de la Tierra o del hombre —dulzura de una noche imprevista, tenuidad de un encaje auténtico— escapaba a su inteligencia. Siempre le había sorprendido el gesto de admiración con que las mujeres exclaman, frente a

116

ciertos escaparates: «Mira ese vestido, esta blusa... ¡Ni una sola puntada a máquina!» Le faltaba esa delicadeza femenina del tacto, que permite apreciar ante todo, en una obra, las dificultades vencidas y, en una flor o un paisaje —aparentemente serenos—, el gusano, el relámpago que los roen. Se dejaba, en cambio, acariciar por la primavera como se hubiese dejado lamer la punta de una mano, indiferente, por la lengua de ese galgo escocés que, varios meses antes, pensó comprarle a Elena, y que, a la postre, se desistió de adquirir «por no meterse en líos con la portera», según se dijo pronto a sí misma, pero, en realidad, por no compartir con él ninguna de esas virtudes que las mujeres regalan a sus falderos un poco, acaso para que les ayuden a soportarlas: la fidelidad, el pudor, la constancia, el amor a los sitios callados, a las estufas calientes y a las personas conocidas.

Sin embargo, a pesar de esa ineptitud de sus sentidos para distinguir el mérito de los trabajos cuidadosos y de las cosas bien hechas, lentamente urdidas, aquella prisa primaveral empezaba a marearla. Por menos habituada que se encontrase a ciertas exigencias del gusto, el ardor de una improvisación tan locuaz tenía que inspirarle sospechas. La moral burguesa que dormitara, durante muchas generaciones, en el fondo de su conciencia, se irritaba seguramente ante aquella explosión de un abril anticipado, impetuoso, invitado de última hora que llegaba al bautizo antes de que las puertas de la iglesia se abriesen; espectador que, para ir al teatro, consideraba preciso pasar él mismo a despertar a las actrices, al telonero, al traspunte; comensal sin rubor que, antes de sentarse a la mesa, desordenaba la cocina, vaciaba y volvía a llenar la despensa, preguntaba el precio de cada pavo, derramaba un salero excesivo sobre cada plato de salsa.

Por fortuna la presencia de aquel intruso, todavía invisible para sus ojos, le producía más vergüenza que cólera. Se sentía, frente a él, como se hubiera sentido su bisabuela materna frente al nacimiento de un primogénito de ocho meses, sobrevenido quién sabe por qué razón antes del término exacto, fruto indudablemente legítimo del más legítimo enlace, pero, por el solo hecho de esa llegada imprevista a la vida, capaz de prestar a su matrimonio, hasta en la memoria de sus nietos menos pueriles, un prestigio equívoco de impaciencia y el pudor —por otra parte justísimo— de una rapidez de mal gusto.

Caminaba despacio, satisfecha de sus zapatos limpios y de su ropa interior muy blanca, muy bien planchada, que los traseuntes no veían, por supuesto, pero de cuyo honrado contacto su cuerpo entero andaba fragante, como el alma en la claridad de una conciencia perfecta. Había elegido, para esa excursión sin itinerario, las prendas más personales de su guardarropa, las que una mujer no muestra a su amante sino en la hora de la entrega definitiva, del adiós último, porque, si aceptara enseñárselas antes, correría el peligro de no guardar en rehenes, como aliciente de la desnudez conocida, ninguna desnudez en promesa. Ansiosa de no ofrecer a Mateo al día siguiente, a las once, ni una piel impermeable ni una vestidura inexperta, escogió cautamente en su armario —para quitarles, desde una noche antes, todo el lustre orgulloso de las prendas demasiado felices— esa camisa de lujo que una mujer vulgar reservaría para la expansión de sus bodas y ese par de medias sin mácula dentro de cuyo estuche de seda inocente los pies más viciosos y las piernas peor enteradas no sabrían seguir sino una ruta honorable: el camino de un altar, de una escuela, los peldaños de un púlpito.

Por lo pronto, esos pies y esas piernas suyos la conducían, con certeza automática, a la parada en que todas las tardes, a las cuatro y veinticinco, aguardaba el tranvía para ir a la Academia. ¡Qué imaginación tan poco original abrigan nuestros músculos! En libertad absoluta para obrar a su antojo, las pantorrillas menos prudentes resultan incapaces de transportarnos hasta un paisaje desconocido. Ninguna sorpresa. Como el mar, de monótono hocico, que nos devuelve veinte veces, entre la misma espuma, la presa que le arrojamos —un bastón, una botella lacrada, un pañuelo, el cadáver de una gaviota— o como el perro que noche a noche, tirándole del cordel, conduce a su dueño, un mendigo ciego, a través de las mismas calles desiertas, hasta la puerta de la misma casa dormida, cada uno de nuestros miembros repite sin comprenderlo —sin alterarlo— el primer movimiento que le enseñamos.

III

Cuando entró en el salón de baile, la orquesta estaba tocando el último trozo de «No se siente usted jamás en las sillas laterales de los tranvías», el fox norteamericano que había tenido mayor aceptación esa temporada. Acababan de dar las diez menos cuarto. Ada, profesora de tarde exclusivamente, no conocía aún ese aspecto nocturno del establecimiento. Lo miró con sorpresa, encantada del cambio advertido en cada detalle.

Una multitud más nutrida y, sobre todo, más numerosa que la de costumbre, poblaba la pista. Se hallaban bailando allí, entre muchos caballeros que jamás había visto, algunos clientes suyos de por las tardes. El señor Gómez, inconfundible —de espaldas— por la enormidad de sus hombros y la piel morena, rugosa, del cuello cosido a cicatrices. «Nico», el peluquero de Sofía, que no tenía libres sino los jueves y no sabía nunca dónde apoyar el pie derecho en las pausas del tango. El «Licenciado», un antiguo notario de manos finas, astutas, siempre ocupadas en compulsar las costillas de su pareja, como si hubieran sido expedientes. Pero eran pocos. El resto, de veinte o treinta cabezas anónimas, constituía una vez más el monstruo de la clientela desconocida.

Ada buscó a sus amigas entre las hembras. El vestido de noche que, a tales horas, la etiqueta de la Academia les prescribía, embellecía sin duda a muchas, perjudicaba a otras, prestaba a todas ese lejano «aire de familia» que representa para ciertas mujeres —cuando la elegancia no es en ellas cosa optativa, arte, sino merced obligatoria, oficio— lo que para todos los hombres, sin distinción de lugar ni de clase, la uniformidad del *smoking*. Sin embargo, a pesar del mezquino lujo que las disfrazaba, Carmen, Luisa y Sofía se hacían reconocer fácilmente. Carmen, por ese modo suyo de buscar en el aire, como el pintor que acaba de concluir un cuadro valioso, el sitio alto y visible en que colgar la mirada. Luisa, por la túnica sobria, casi deportiva, de amarillos tiernos y frescos, que Ada no le había visto nunca, pero que parecía, a lo sumo, una versión a la noche de su traje amarillo de tarde, más despojado y más franco. En cuanto a Sofía, la presencia de «Nico» no podía explicarse sino por su proximidad evidente. Nadie ignoraba ya en aquella casa, en efecto, que el peluquero y Sofía fuesen amantes. La misma administradora, celosa de otros idilios, aprobaba unas relaciones que no la perjudicaban en sus negocios, ya que le permitían, por un gasto infinitamente modesto, estar siempre peinada a la última moda y comprar a precios ridículos, de mayoreo, las cremas y esencias finas de que su tocador se hallaba provisto.

120

La circunstancia de que esas muchachas —simples profesoras de tarde, como ella— se hallasen bailando de noche, probablemente para completar un jornal de otro modo exiguo, le inspiró remordimientos. Siempre le habían reprochado sus compañeras esa falta de codicia, que para muchas sólo significaba pereza, molicie, descuido imperdonable. ¿Ellas? ¿Ada?... En el fondo, ¿quién tenía razón? Se quitó el sombrero, el abrigo y, después de haberse pasado una suave borla con polvos por las mejillas —el aire de la noche las había teñido de púrpura—, se sentó a esperar allí que la orquesta diera remate al sexto fox de la serie.

Junto a ella, sobre el sofá de terciopelo rojo entre cuyos brazos, esa misma tarde, a las siete, se había despedido de Zimmer, el joyero alemán que pretendía convertirla al nudismo, al budismo, al vegetarianismo —a todos los *ismos* no incompatibles con su propio deseo de hallar en la vida, a cada minuto, un sabor más picante, más agrio—, dos extrañas figuras la sorprendieron. ¿Una pareja? El hombre, de cincuenta años escasos, parecía estar muy enfermo. Tosía, suspiraba, respiraba con dificultad. Un traje oscuro, de corte no sin decoro, pero anticuado, le ceñía el cuerpo en los hombros, en la cintura, acentuando todavía más su fragilidad indecisa, casi en derrota. Hablaba lentamente, sin dibujar con los labios las frases que pronunciaba, como si temiese que un sordomudo pudiera, adivinando sus formas, captar su contenido. Los ojos, animados por una expresión metálica, mecánica, daban a sus palabras ese sentido irresponsable que asume, en ciertos teatros, sobre la boca de los muñecos, la elocuencia de los ventrílocuos. La exagerada tristeza con que su compañera de asiento le oía, los espesos suspiros que subrayaban sus párrafos más impor-

121

tantes y el blando fondo musical de la pieza con que la orquesta los envolvía, completaban la comicidad del conjunto. Calvo, rubio, escrupulosamente afeitado, el desconocido usaba a cada momento, para darse a sí mismo confianza, un par de manos sutiles, desproporcionadas y lentas: unas manos abstractas de maniquí. Con algo más de malicia, Susana, su pareja —la «casta Susana», como le llamaban, por ironía, las demás profesoras de baile— hubiera podido desatornillarle del cuerpo esas manos de cera, impecables, en cuyos dedos sin tacto ninguna vena, ningún anillo se atrevían ya a traicionar la intimidad de la vida, su ritmo, las iniciales de un nombre propio, el latido de un corazón original.

A esas horas, por lo visto, Susana había ingerido ya media docena de whiskis. El alcohol tenía la virtud de ensombrecerla. Le hacía pensar en su madre, muerta doce años antes, de quien —agencia de pompas fúnebres— no conocía otra cosa que el nombre: Gabriela López, y la razón del fallecimiento: un descuido del guardavías en la línea de París a Estrasburgo, al pasar el expreso por Meaux, cierta mañana de octubre, a las ocho. Aquella pena, de pronto, le inspiraba un vago deseo de viajar en carros de lujo, a través de comarcas que se llamasen —como los sitios donde han ocurrido y habrán aún de ocurrir las grandes batallas— con palabras solemnes, históricas; junto a caballeros que no probasen sino caviar y no bebiesen sino champaña; servidos todos por esos camareros callados, atentos, inimitables, de las novelas inglesas del siglo XIX: lacayos dentro de cuya sabia librea puede esconderse lo mismo el maillot internacional de Fantomas que la magnánima bolsa de Arsenio Lupin.

Ada despreciaba la ingenuidad de Susana, pero comprendía que una sandez de ese estilo le hubiera sido a ella misma de gran provecho para engañar a los hombres. En ciertos establecimientos, la vulgaridad resulta comparable a las faltas de ortografía de las buenas cartas eróticas: hacen creer a quienes las leen en la sinceridad de quien las escribe. Con sus vestidos de escotes modestos, sus deseos y tristezas de buen tono, Ada establecía en seguida, dondequiera que fuese, una categoría en su contra. Sus medias siempre tirantes, que no necesitaban nunca de un pliegue más en la liga, sus siempre claros recuerdos y sus ideas siempre distintas, la colocaban en un lugar aparte, sobre una isla adonde no acudirían a buscarla sino los clientes hastiados y los conocedores expertos. Es decir, aquellos precisamente que, por la calidad de sus aficiones, no suelen ya ir a las Academias.

Por fortuna, la vulgaridad —que no perdona las jerarquías, cuando la excluyen— comienza por ignorarlas. Así se explica que el nuevo rico no se entere jamás de las burlas que sus cortesías provocan entre los invitados ilustres, de quienes se cree el amigo íntimo, el hermano. El abismo que los separa no es perceptible desde su punto de vista. Sólo quien ha logrado salvarlo lo advierte. A semejante ceguera, sin duda, se debía la afición de Susana por Ada. En cuanto la vió llegar, quitarse el abrigo, sentarse, tuvo deseos de invitarla a su mesa. ¿Cómo?... Con sus manos abstractas y su plática triste, aquel cliente la molestaba; pero, al pagar en la Caja el importe de seis cupones de baile —que jamás utilizaría en la pista—, ¿no había comprado acaso, a su modo, el derecho de aburrirla? Interrumpiéndole, hubiera creído engañarlo.

Mientras tanto, el tiempo corría. Sobre el silencio cortado en la música por la vacación de la orquesta comenzaban a dibujarse los ruidos de algunas conversaciones. Después de ese combate cuerpo a cuerpo durante el baile

—siete foxes seguidos—, los sexos, separados uno de otro, volvían a recobrar sus manías, sus menudas convenciones sociales, su naturalidad expresiva, sus vicios. Las muchachas se agrupaban junto a los muros, en torno de las columnas, sobre las sillas. Con ademanes imperceptibles, con risas frescas y húmedas, comentaban la amabilidad de sus prosélitos, sus bromas, ese estúpido chiste que todos los hombres repiten cuando, en el baile, pierden el ritmo de la pieza —y no lo quieren confesar... Los caballeros se saludaban sin entusiasmo, pedían al *barman* una menta con agua, un oporto, y encendían, al mismo tiempo que el cigarrillo, una plática peligrosa, salpicada de alusiones sensuales a las mujeres con quienes habían estado bailando.

Desde su asiento, como la más ingenua novicia, Ada principiaba a admitir el espectáculo de la sala. Un perfume blando la envolvía. Dentro de esa nube de ámbar, de azúcar, de talco, de cosméticos emolientes, perforada, de paso, por el olor de un coktail más intenso —de una brillantina más acre—, sus sentidos la abandonaban. El frío acumulado en la calle, dentro de su piel inocente, por las celdillas de unos tejidos mal preparados aún para ese abril impetuoso, se derretía junto al calor de la fiesta, dejándole sólo en los ojos un vaho tangible, una niebla tierna entre cuyos átomos todo asumía al fin un matiz admirable, un color y una luz sutiles: lo mismo la dentadura de «Nico» en el paréntesis de su risa fotográfica, amplificada por la irradiación del espejo, que la cabellera rubia de Carmen, dorada a fuego de oxígeno, sobre la oscuridad de la puerta.

Unos dedos finos, de violinista, se apoyaron, como en un arco, sobre sus manos. No, esa presión extranjera, de músico o de empleado de telégrafos, no le era desconocida. Volvió los ojos hacia la izquierda. Vió a Zimmer. Se sintió de pronto dichosa, como la mujer a quien no ha fallado una cita.

—¡Qué milagro! Me habían dicho que, a estas horas, no venía usted por aquí...

La voz de Zimmer, clara, cortante, era la peor enemiga de sus miradas confusas, de su cordial sonrisa de padre de familia, de sus zapatos sólidos de cartero. Lo que había de cerebral y nervioso en la presión de sus manos, disimulado en el resto del cuerpo por la expansión burguesa de su figura, reaparecía en su boca de dientes orificados, convertido en sílabas netas y exactas, de avidez y burla mal contenidas.

—Es cierto —contestó Ada— no vengo de noche.

Le hubiera sido imposible añadir, por ejemplo: —A mi padre no le gusta que salga sola después de las nueve... Su oficio le imponía, entre otras flaquezas, el pudor de ciertas virtudes.

Zimmer no creyó oportuno interrogarla acerca de esa limitación profesional de su día a las horas —de cinco a siete— en que la había conocido. Aun fuera de su despacho —en el ocio, en las diversiones— guardaba constantemente, por respeto a la inteligencia, su discreción de joyero bien educado. Sin preguntar sus orígenes, compraba las piedras que le ofrecían, los diamantes, las esmeraldas. El precio de una pulsera le interesaba más que su historia. No, no era un novelista. En su caja de caudales, la perla de una mujer adúltera valía más, si era auténtica, que los zafiros reconstruídos de una madre virtuosa. Puesto que Ada estaba esa noche allí, pese a su costumbre, ¿qué le importaban ya a él, en sí mismas, las razones de esa costumbre?

La invitó a tomar un refresco. Sabiendo, por experiencia propia, que no aceptaba nunca bebidas fuertes, le sorprendió que no ordenase una naranjada, un jugo de uvas, sino un «martini», lo mismo que él pedía ya al camarero.

—Entonces —pensó alegremente— se trata de una ruptura absoluta con los prejuicios. ¡Espléndido!

Y luego en voz alta:

—Vaya, esta noche, por lo visto, tenemos los mismos gustos. En mi patria, es de buen agüero.

¿Qué pretendía insinuar con aquella frase? ¿Qué mensaje de vanidosa satisfacción estaban transmitiendo sus dedos —sus largos dedos de telegrafista— sobre la varilla metálica de la mesa? ¡Su patria! Siempre que un judío habla de su patria, miente. La nacionalidad oficial es una de las esclavitudes que su raza no le perdona. ¿Dónde había leído ella esas frases injustas que ahora le subían a los labios? Iba a acusar a Zimmer de hipocresía, de avaricia. Prefirió beber su «martini». El picor del alcohol en la lengua le dió un placer imperioso, lúcido; su aromada tibieza la invadió pronto, como la ola de una noche interior, más primaveral y más dulce que la otra, llena de estrellas, de trinos y de equivocaciones de pájaros.

Un juego de conmutadores dejó la sala en tinieblas. Sólo la pista quedó alumbrada por el haz de un reflector amarillo, compacto, cuya actividad en la sombra producía el mismo rumor de un aparato de cine. En la orquesta, el tema de un viejo vals vienés empezó a quejarse. Las primeras parejas que se lanzaron al ruedo giraban ya sobre el piso con lentas ondulaciones, aprisionadas por la música.

—¿Bailamos?

A otra hora, otro día, la invitación de Zimmer no le hubiera inspirado sino un poco de aburrimiento, el disgusto de tener que cumplir con él otra vez la tarea de una profesión invariable. Pero aquella noche, realmente, se sentía transportada a una atmósfera nueva, a otro mundo. Rompiendo la costumbre de la Academia, Zimmer no le entregó ningún cupón color de rosa. Era demasiado inteligente para no suponer el estado de ánimo de su amiga. Recordarle su oficio —en ocasión como ésa, a la que, por razones de él ignoradas, pretendía ella comunicar un prestigio exclusivo— hubiera sido un error de su parte.

Bailaron gravemente, sin impaciencias, entregándose uno y otro al placer de esa hamaca invisible que los mecía. Ada no veía a Zimmer en aquel compañero discreto de quien sólo reconocía ya la presión de los dedos, metálica, sobre la mano y en la cintura. Con excepción de esos puntos, todo el resto del hombre estaba esperando un contenido distinto: el que su fantasía quisiese darle. ¿El de Mateo?... Imaginó una cara inocente, dos grandes ojos desnudos, dentro del óvalo oscuro de la cabeza de Zimmer. Y, en vez de su cincelada calvicie de escriba, unos rizos delgados, de bronce.

Como si adivinase la transfiguración de que la sombra le hacía objeto en el alma de Ada, Zimmer seguía bailando en silencio. El deseo que aquella mujer le inspiraba era demasiado magnífico para no hacer estallar el barniz de que solía revestir sus palabras. Heredero de un pueblo sabio como ninguno en aprovechar los desastres, dejó que la música —una música austriaca, del mismo origen que su apellido— hablara en su nombre.

¿La convencería?

INTERIOR

Enrique sufría. Sus padres no podían acostumbrarse a la idea de haberle engendrado. Su ineptitud vital les avergonzaba. Le veían, a la hora del almuerzo, a la de la cena. Después, al quedarse solos, lo confesaban: sí, se les parecía, se les parecía mucho —pero no sabían cómo—. En los ojos de su hijo, secos y frescos, Don Timoteo veía temblar la bondad de los suyos, cariñosos y vegetales. En sus articulaciones calladas, Doña Carlota reconocía la discreción de las suyas, su personal esqueleto.

Pero si había Enrique heredado la manera de ver de su padre —entornando un poco los párpados—, no había heredado su barba, sus cejas espesas, sus bigotes abruptos y duros. Era lampiño. La vejez le aniquilaría por sorpresa, de un solo golpe, como aniquila a los imberbes, a las mujeres. Sólo en efecto a los miembros de una humanidad depilada el deber de luchar diariamente, navaja en mano, contra la desfiguración y la decadencia, no perfecciona en el arte de envejecer poco a poco, una noche cada mañana. El aire libre, los robles que su selvático padre evocaba con el menor ademán, él no los sugería. Era

Los cuatro vientos, Madrid, núm. 2, abril de 1933, pp. 60-70.

tímido y limpio. Sin embargo, viéndole a plena luz, junto a la cautelosa Doña Carlota, algo había de torpe en sus movimientos, de mal civilizado en su educación, de campesino y de brusco hasta en su cultura. Le encantaban las aseveraciones rotundas, los no definitivos. No sabía decir "tal vez". En su alma, como en un bosque, todos los ecos se exageraban. De su madre —además de las articulaciones sumisas y del bien trabado esqueleto— revivían en cambio en su cuerpo los labios finos, pálidos, breves; el entrecejo imperioso, la piel experta, sensible. Como ella, al visitar a un amigo, se fijaba instintivamente en esos detalles (cortinajes discretos, alfombras viejas, silencios embarazosos) que le permitirían alguna vez, en una carta de pésame, aludir con autoridad al pariente muerto o, en un billete de enhorabuena, elogiar con exactitud al recién casado. Y no porque le interesasen sobremanera las otras vidas —la propia le sobraba—, sino porque su imaginación, de instantáneas cortas y sordas, le hacía ver a los hombres como el espectador considera en la escena a los personajes del drama o el escritor analiza en el libro a los héroes de la novela: desde la primera frase lanzados, por voluntad del asunto, hacia la muerte del desenlace infeliz —hacia el altar de las prósperas bodas.

Hasta en los gustos más simples, Enrique prolongaba esas luchas de su familia. Para salir de vacaciones, al llegar la Semana Santa, Don Timoteo proponía siempre algún puerto: Veracruz, Mazatlán, Tampico... Económico y pobre, le seducía el mar, que principia siempre, que regresa siempre. A Doña Carlota —segura de sus rentas, convencida de sus riquezas— la atraían los ríos. A veces, por consideración conyugal a las debilidades de su marido, toleraba las cascadas. Iba a Necaxa. Ahí también, como en Mazatlán o en Veracruz, las aguas regresan. Pero regresan convertidas en luz, en fuerza eléctrica, en voltios. Algunas noches, al acostarse, cuando ya su robusto Don Timoteo comenzaba a flotar sobre el sueño, cerrando el libro de cocina o el anuario cristiano —que no leía—, se levantaba descalza, apagaba las lámparas. El recuerdo de la corriente en que presenció, varios años antes, la transformación de aquel fluido invisible le hacía sentir, por contraste, más silenciosa la sombra. Era como si, a través del conmutador, sin mojarse los dedos, su mano fuese a cortar una catarata lejana. Si Enrique hubiese podido sorprenderla en esos minutos, satisfecha de su malicia, habría aprendido a estimarla como debía: con menos admiración. Esa fiebre de comprender que le inspirara a él en la escuela, clase de Trigonometría, frente a un seno de 15 grados el mudo ardor jubiloso que ya Luciano sentía frente a otros senos, Doña Carlota la utilizaba distintamente. No podía tolerar, por ejemplo, que una persona ignorase sus propios dramas. Si veía a una mujer engañada por su marido, a un enfermo engañado por sus doctores, no se retenía. Un extraño rigor le arrancaba, de pronto, las más atroces revelaciones. La verdad, que su hijo apuraba en cápsulas —fórmulas, fichas, noticias, cédulas de diccionario—, ella, como un aperitivo, la escanciaba en el alma de sus parientes. A su esposo, por supuesto, le duplicaba la dosis. Si envejecía, si uno de sus jefes le saludaba en la calle con displicencia, se detenía para decírselo. Aunque su buen humor —o su buen corazón— quisieran hacerle a él olvidar esa nueva arruga, esa nueva cana, ese desprecio reciente, la perfección de su esposa se lo impedía.

Esa unidad de sí propios que los esposos bien avenidos dan a sus hijos, esa igualdad de los dos costados del cuerpo, de los dos hemisferios del alma, esa concordia sutil de todos los órganos dobles: ojos, pulmones, oídos, con que la herencia duplica los actos del hombre, a Enrique la hostilidad de sus padres se las negaba. Una región de su ser decía siempre que no a los proyectos que la otra admitía. Frente a los ríos, su ojo derecho, fiel a Doña Carlota, tenía que combatir el recuerdo del mar que el izquierdo, por devoción a su padre, le presentaba. Un contenido rencor para las riquezas —tradición de Don Timoteo— le hacía preferir los zapatos viejos, los sombreros viejos, los semblantes conocidos. Le conmovían, como las cicatrices de un rostro heroico, las arrugas de sus corbatas. Minutos más tarde, frente a su librería, le atormentaba el deseo de releer a Quevedo en una buena edición, de comprar un Shakespeare de lujo. Se volvía a sentir parecido a Doña Carlota. Su prodigalidad inconsciente le convencía... Todo lo que requiere, en el hombre, la colaboración de dos miembros gemelos: la carrera o la natación, el piano, la bicicleta o el baile, le encontraba desprevenido. Triunfaba en cambio en esos deportes que sólo exigen la participación de una mano exacta —el tennis, la poesía— y descollaba en esos concursos para los que únicamente los órganos individuales se adiestran, el pesimismo, el silencio, la bibliomanía, el amor.

Le encantaba el estudio. El Algebra, la Botánica, la Historia misma del Arte son disciplinas del alma a las que cierta duplicidad del alumno no perjudica. Ni el binomio de Newton, ni la clasificación de Linneo, ni la evolución de los arcos de medio punto reclamaron nunca de Enrique una definición de sí mismo. El amor la reclamó. La neutralidad podía ser provechosa para jugar con las ciencias. No lo era para adorar a Piedad. El invisible combate que no libraron sus padres sobre la tierra, iba por fin a efectuarse en la conciencia de Enrique. ¿Quién vencería? ¿La izquierda, aliada de Don Timoteo? ¿La derecha, consagrada a Doña Carlota? Con la izquierda colaboraba el corazón, víscera del futuro. Con la derecha, el apéndice, la glándula hepática. Todo el pasado. El pasado que se extirpa. El pasado que se endurece...

Al describirle a su novia, algunos amigos de Enrique —la conocían perfectamente— habían insistido en explicarle hasta qué punto era intenso el amor que tenía para su madre. Su padre no le importaba. No vivía con ella. No había resistido sino cuatro meses en Hollywood. A los dieciocho, a los trece —¡antes aún: a los cinco!— Piedad había ya definido sus preferencias. La más elemental honradez le obligaba a imitarla. Tenía que decidirse. Entre la prodigalidad y el ahorro, la exactitud de la capital y la opulencia blanda del campo, la catarata y la playa, la neutralidad no podía prolongarse. Había llegado ese instante —madurez de la juventud— en que es preciso elegir entre Grecia y Roma, entre Calvino y Lutero, entre la música de Wagner y la música de Debussy. Los dioses, las leyendas y los poetas favoritos de uno de sus progenitores iban a desaparecer de su alma. Los substituirían los dioses, las leyendas y los poetas favoritos del otro. Por primera vez, para definirse a sí mismo, para conocerse a sí mismo, Enrique se resolvió a definir a sus padres, a conocerlos. ¿Con cuál de ellos se quedaría?

Se quedó con Don Timoteo. No era posible escoger a Doña Carlota. No era posible amar bajo su tutela, sonreír a su perfección, disgustarse, esperar, morir, al lado de su silencio. Mondar un fruto, beber un vaso de agua se convertían de pronto, frente a sus ojos, en acciones irreparables, profesionales, en actitudes de estatua. El menor albaricoque, la más ligera naranja, si los tocaba su mano volvíanse de granito. El agua menos delgada se congelaba. Piedad comprendería. Mejor así. ¡Qué la humildad vegetal de su padre la enterneciese! Para una luna de miel, por minuciosos que sean los novios, el objeto más importante no es el despertador.

Otros se adiestran al matrimonio modificando el color de sus muebles, quitando del comedor una alfombra usada, cambiando la lámpara para el vestíbulo. Enrique no. Su preparación al amor era más laboriosa. Consistía, por lo pronto, en substituir un defecto por otro, una virtud por otra, en la historia de su familia. Del estilo vital de sus padres elegía solamente la conyugal deferencia, la delicadeza de esposo que Piedad notaría a primera vista, que reconocería desde luego y por la cual le daría ese beso imprevisto que las mujeres reservan, en una alcoba, para el espejo del armario —porque las hace más altas— y, en un paisaje, en un lago, en un bosque, para el sitio exacto del cielo que perfora el sol al morir... El rincón destinado al capricho lo ocuparían ahora en su cuarto la fuerza, la indiferencia. La minuciosidad y la astucia —dádivas maternales— cederían el sitio a otras dotes, más varoniles: el candor, la confianza, la cortesía. Hasta en el interior de una misma cualidad descubría ya antagonismos secretos, escisiones recónditas. A la esperanza, compuesto femenino del optimismo, prefería el deseo, su derivado viril. Para opinar, Doña Carlota decía siempre: "yo pienso". Don Timoteo afirmaba: "yo creo". ¿Por qué razón? ¿Acaso en el juicio que el alma se forma de una persona —o de una circunstancia— el pensamiento nace de la mujer, la fe proviene del hombre? Entre uno y otra, Enrique optó por la fe. Era optar por Don Timoteo. Hasta ese día, en la Historia Universal, solamente los hechos le interesaron: el hecho Napoleón, el hecho Netzahualcóyotl, el hecho que se llama "siglo de Pericles", el hecho que se llama "descubrimiento de América". ¡Conflagración de detalles! A Piedad, el interior de esa historia barroca, de esos torneos y de esos viajes examinados al microscopio, tenía que disgustarle. ¡Era tan fresca, tan limpia! Parecía sin pasado. La convicción que otros ponen en suprimir de su biblioteca un libro galante, de su sala una estampa libertina, le animaba a él a cambiar la biografía de Shelley por la de Stephenson, la de Ulises por la de Lindbergh. Como quien descuelga de la pared, para recibir a una amante, el daguerrotipo borroso de sus abuelos, descolgaba Enrique de su memoria el recuerdo de Trafalgar, el recuerdo de Lepanto —batallas cinceladas, para centros de mesa—, y prescindía de Espartaco, de Julio César: cabezas de granito, bustos de bronce.

Don Timoteo sonreía. La transformación que el amor introduce en algunas almas, desprendiéndolas de las otras, su hijo la soportaba en sí mismo, valientemente, pero en sentido contrario. La pasión se lo devolvía. Es raro, a los veinte años, que un sentimiento no crezca a expensas de otro: la piedad a costa de la firmeza, el rigor al precio de la ternura. Cada virtud que los jóvenes hallan en el fervor de sus novias —generosidad u optimismo— no es, a menudo, sino la ausencia de esos defectos —egoísmo, melancolía— que bruscamente ven en sus padres. Enrique no podría contradecir a los suyos. O, por lo menos, no los podría contradecir a la vez. Eran demasiado diversos. El árbol genealógico de Don Timoteo se hundía profundamente en la Nueva España. Sus abuelos descendían de Francisco Salinas, de Extremadura, venido a América con Mendoza, al mismo tiempo que el Virreinato. Sus antepasados tuvieron fortunas muy diferentes: desde la de Melchor Salinas y Valdearcángel, que la Inquisición condenó en 1715, por libre y suelto de lengua, a recorrer la ciudad sin sombrero ni capa, con una soga al cuello y un cirio verde en la mano, hasta la de Juan Salinas y Quintanilla, soldado de la Reforma —sin olvidar, por supuesto, a Cristóbal Salinas Freyre, lugarteniente de Aldama, a quien algunos historiadores incluyen, tal vez por error, entre los fusilados de Monclova. La familia Salinas había crecido así, poco a poco, sobre la historia de México, como una enredadera modesta, pero constante, dando una flor cada vez. No se vió nunca el caso de que una misma generación proporcionara dos Salinas ilustres a la República. Más aún. Para no ejercer un dominio indebido sobre su patria, los Salinas parecían tener cuidado de equilibrar con una generación oscura la notoriedad de sus hombres célebres. Así, por ejemplo, a Francisco Salinas, fundador de la estirpe, sucedió Fernando, de quien se ignora todo, menos el nombre. A Cristóbal Salinas Freyre, el insurgente, defensor de Indaparapeo, sobrevivió el reaccionario Ildefonso Salinas, amigo de Santa Anna. Por último, a Salinas y Quintanilla —partidario de Juárez—, "Salinas el grande", sucedió el modesto Don Timoteo.

Como ocurre a menudo, en el trópico, con ciertas plantas aromáticas, las raíces de Doña Carlota no vivían bajo tierra: flotaban en el aire. Todo es raíz, mejor dicho, para ciertas familias. Nieta de un capitán norteamericano a quien los vencedores del 47 dieron por muerto en la toma de Churubusco, Doña Carlota sentía mejor a México que su esposo, era más mexicana que él, celebraba la patria todos los días. La nacionalidad, para ella, era un culto nuevo. Por mucho que su marido bajase a las más viejas ramas de su pasado, lo que veía era el mismo horizonte, la misa raza. Doña Carlota, en cambio, no podía agitar el más leve recuerdo de su familia sin tropezar con un rifle, sin mancharse de sangre las manos. Para que ella naciese había sido preciso que México perdiera todo el territorio de Tejas, casi todo el de California. La consolaba, en los momentos de angustia en que lo advertía, la certidumbre de que su abuelo no combatió en Chapultepec. No, por lo menos eso no. Ningún alumno del Colegio Militar había caído bajo sus balas. La confortaba esa idea. Sobre todo los domingos, cuando Enrique iba al bosque. A veces, bajo los ahuehuetes milenarios, se preguntaba a sí misma por qué su abuelo, el alférez Jonathan Taylor, no había elegido para escaparse la batalla indecisa de la Angostura, sino, al contrario, una incuestionable victoria: la batalla de Churubusco. ¿Qué virtud respetó en su país aquel extranjero tranquilo, fiel en las derrotas, evasivo en los triunfos? A los pocos meses de firmarse el tratado de Guadalupe se estableció en Guanajuato, se hizo minero. Las crónicas familiares elogiaban su laconismo, sus limpios ojos azules, su avaricia tenaz, su fervor silencioso en el aguardiente. En 1860, una de sus hijas, Elena Taylor, se casó con Pancracio González, jinete y jugador, personaje de ferias y de "corridos". Doña Carlota, por aquel lado de su ascendencia, comunicaba con dos estampas nacionales: la pelea de gallos y el jaripeo, el caballo y el albur. Tal vez por ese emotivo sucedía siempre en su alma, a cada crisis moral, a cada tristeza, un acceso de lujo, un ataque de prodigalidad, el deseo de apostar un billete más, un "hidalgo" más a su suerte. Enrique respetaba aquella entereza materna. Imitarla le daba miedo. Antes de obtener una victoria completa sobre sí mismo, antes de declarar su amor a Piedad —como el abuelo Jonathan, en Churubusco— hubiera querido escaparse.

¿De quién?... Tenía —no lo negaba— un alma tímida y tornadiza. Un alma de desertor.

INSOMNIO

I

Ruedan en la lluvia, tímidamente, cuatro rápidas campanadas. ¿A qué hora amanecerá? Esta noche Doña Aurelia tiene miedo de la luz, pánico de la aurora —que tarda siempre— y que, de pronto, se instala en el cuarto, cuando los enfermos ya no la esperan, como una prima de provincia, impuntual, joven y escandalosa... En la sombra, los recuerdos resultan más personales. Enorme caja de ecos, de quejas, de resonancias, los dedos de Doña Aurelia se posan valientemente sobre la noche, como sobre el teclado de un gran armonio. Todas las arpas, todos los pájaros de una espléndida orquesta obedecen a su contacto. ¡Qué diferente la alcoba, en estos momentos, del escolar instrumento de estudio que la mañana le depara, cuando las vendedoras ambulantes no pasan todavía por la calle pregonando sus tórtolas o sus pollos; modesto piano vertical sobre cuyas teclas las concepciones más atrevidas pierden misterio y los recuerdos más delicados parecen marchas, viejas marchas militares —o valses, viejos valses atropellados, cínicamente, por los trombones de una banda municipal!

Letras de México, México, núm. 1, 15 de enero de 1937, pp. 6-7.

Con la soledad de la noche, cada rumor recupera su forma, hace sentir su esencia. El viento acepta ser sólo viento, musgo el musgo y cristalina cuerda de violín, en el patio, el temblor espectral de los surtidores. Porque lo admirable de la sombra en que la fantasía de la reclusa interpreta las cosas, no es el concierto, la fusión del tic-tac del reloj con el trino de la lluvia en las cañerías, la mezcla de los elementos, sino el dibujo de cada voz personal en la cornisa flexible en que se completan: la pureza con que cada gota o cada hoja caída se definen, unidas y solas, universales y libres, para un total que no posee ya "crescendos" ni "pianos", puesto que las notas más diversas repercuten en él con igual intensidad —pero no con iguales matices.

Ya no siente impaciencia la anciana por que la madrugada principie. En otros años, cuando no había muerto su marido, cuando sus hijos vivían en casa, se levantaba temprano. El deseo de cumplir con todas sus obligaciones de esposa, sin descuidar uno solo de sus derechos de madre, la había incitado a descubrir, en cada nervio de su organismo, un resorte de actividad y una pila eléctrica de entusiasmo. Quien la hubiese visto, en aquellos días, atender a la vez a las cosas más indiferentes: al aseo de la sala, al planchado de los trajes de Don Fernando, al desayuno de Carlos —que no comía nunca completo su plato de avena—, a los rizos de Lola, que tenía el pelo tan revoltoso, habría comparado su vida con la máquina de esos relojes sincrónicos, en cuyos varios cuadrantes y discos una misma tensión de la cuerda hace girar a la vez la manecilla que marca el pulso de los segundos y la que señala el compás de las horas, la que anuncia el término de los meses y la que advierte el nacer de las estaciones, la del barómetro, que presiente la lluvia, y esa otra, última, nimia, que, sobre un mapa en relieve del mundo, con una fecha simbólica, a menudo esmaltada de rojo, relaciona la hora de París con la hora de Nueva York y la primavera del Cairo con la de Londres... ¡Edad feliz! La puntualidad de Doña Aurelia, en aquellos tiempos, quería abarcarlo todo, preverlo todo. Una sola de sus órdenes —exagerada, de piso en piso, por el oído de las criadas— bastaba para florecer, con amapolas recientes, las ánforas del vestíbulo; renovaba el depósito de agua en el filtro de la despensa y añadía una raja de perfumada canela a los "chongos" del comedor. Por desgracia no duró mucho aquella mágica actividad. En cuanto murió su marido, en cuanto se casaron Carlos y Lola, la simultaneidad del reloj dió señales de desconcierto. Poco a poco, cada una de sus agujas fué tomando costumbres propias, indolencias particulares. La armonía del conjunto se interrumpió. Y, así como en el mecanismo de los relojes suele observarse que las saetas del cuadrante plateado en que se hallan distribuídos los días de la semana marcan de pronto, sin que nadie sepa por qué, una sola línea —un domingo eterno, monótono y jubiloso, sin fatiga ni gradaciones— en tanto que las manecillas destinadas a señalar el progreso de los meses y la desaparición de las fechas siguen corriendo sobre una pista ininterrumpida, así también, en el reloj metafórico de su casa, Doña Aurelia fué olvidando ciertas faenas, abandonando ciertos placeres. Día a día, el funcionamiento de la cocina, el brillo de la escalera, la limpieza de las toallas y de las sábanas dejaron de interesarle. En vez de vigilar ella misma el recibo de la leche, la composición de los postres, aceptó delegar en Herminia —o en Carmen—, sus dos criadas, la autoridad de aquellos derechos que, tanto por gula como por matriarcal vanidad, le parecieran —antes— inalienables.

Los más pequeños hábitos de trabajo fueron borrándose en ella. Menos uno: el de acostarse a las ocho, todos los días, "para levantarse temprano". Resultaba gracioso advertirlo. En la repartición de su tiempo, la vejez suprimía las reglas útiles, pero no las manías improductivas. Limitada por fin a las ocho —a las ocho en punto—, su actividad producía efectos patéticos. Era como si, en uno de esos antiguos relojes de máquina complicada, el instantero dejara de latir, callara el timbre del despertador y la cuerda del tiempo se enmoheciese, mientras que, sobre el disco reservado por el orfebre para registrar la evolución de los astros, un astrónomo infatigable continuara indicando los equinoccios, prediciendo la luna llena.

II

Blancura de la almohada. Blancura de las sábanas... Provocado, súbitamente, por un chisporroteo de la bujía que le sirve de veladora —la bombilla se fundió ayer—, el gran espejo líquido del armario se derrama en la estancia, la inunda toda. Charcos, charcos, charcos... Por momentos, entre lo blando de la luz que se mueve, se precipita una forma sólida: el vientre de una consola, el pie de una mesa. Doña Aurelia adivina, entre dos recuerdos, la posición de sus muebles. Le consuela vivir en el interior de esta pieza tranquila, donde los ruidos, cuando caen, —como en un pozo de música— forman círculos de silencio. ¿Cuántos años han transcurrido desde que se instaló en este cuarto? Fué después de la muerte de su marido. Al volver del entierro, quiso entrar en su alcoba. Un olor penetrante —a gardenias, a yodoformo— se la volvió inhabitable. Decidió cambiar de cuarto con Carlos. A él le importaba menos lo que ocurría. ¡Pasaba en la casa tan

146

poco tiempo! A pesar de los años transcurridos, cada noche, al dar vuelta al conmutador, le sorprende hallar todas
las cosas en orden. Inmovilidad de las sillas, rigidez de la
lámpara, y, sobre todo, en el muro de la derecha, frente
a la ventana, terca, lenta, inodora, interminable agonía
—agonía al óleo— de ese ramo de crisantemos. Nada ha
variado. El espejo, la cómoda, los armarios, todo está en
su lugar. Hasta los crisantemos, cuya agonía, probablemente simbólica, no acabará ya nunca (por lo menos mientras Herminia, al hacer el aseo, no destruya la tela en que
los trazara, en 1880, un pintor de Burdeos, Monsieur La-
vigne, venido a México con Bazaine).

    ¡Acostumbrarse a las cosas, a los seres que nos rodean!
Nada más fácil. Para Doña Aurelia, nada más complica-
do... El mismo sentimiento de magia —de milagro reciente— que le produce su alcoba, todas las noches, le hizo
considerar con respeto a sus hijos, desde la infancia, como
si la vida que les diera al concebirlos fuera demasiado
admirable para ser suya, como si el hecho de respirar, de
callar o de sonreírse perteneciera, en los semblantes de
Carlos o de Lolita, a un género fabuloso con cuyos actos
la sonrisa, el silencio o la respiración de los hombres, por
mucho que valiesen, no serían jamás comparables. Por
eso, en aquellos años, no afirmaba nunca "mis hijos",
como, en su caso, sus amigas dominantes proclamaban,
ni "tus hijos", mirando a Fernando, como algunas esposas,
excepcionalmente sumisas, suelen decirlo: sino "los ni-
ños" modestamente, como una nodriza o, mejor aún, como una institutriz, en quien la maternidad virginal no
proviene del cuerpo, sino de la convivencia, de las costumbres, de la comunión de todos los días. ¿Y qué le dió
su marido, qué le dieron nunca Carlos o Lola, a cambio
de aquella humildad?... Como las palabras que, después

de emigrar de un idioma a otro, regresan a la lengua de origen, enriquecidas —o empobrecidas— por la pronunciación de los seres que las usaron y, entonces, merced a la natural infidelidad de la inteligencia, logran alterar en la charla no sólo ya los antiguos sonidos, vulgarizados por la costumbre, sino el significado mismo, concreto, de las ideas o de las cosas, así las creencias de Doña Aurelia, sus cualidades más íntimas, transmitidas al espíritu de sus hijos, siguieron en ellos el curso de su aventura, se transformaron con el roce de sus pasiones y, al cabo de los años, regresaron de la región colonial en que se perdieron a la materna metrópoli, vacías del primitivo sentido, acentuadas por la extranjera expresión en una sílaba inútil, átona antes...

III

Un duro ataque de tos sacude los hombros de Doña Aurelia. "Pobres pulmones —dice— qué mal me tratan". Cada vez que sufre, se repite en voz baja esta frase invariable, con la que quiere expresar que no sólo sus bronquios y sus pulmones, sino todas las frágiles piezas de su organismo (como sus hijos, como sus amigas) le parecen vecinos incómodos, de mal carácter, con los cuales nada tiene en común, pero a los que, sin embargo, conviene aludir con prudencia, por temor a las represalias. Las palabras "pobres pulmones —aquí una respiración dolorosa— qué mal me tratan", repetidas esta vez en la sombra, por capricho de la costumbre, valen tanto en su boca como el conjuro de un clan totémico y más, mucho más, que la astucia de una fórmula diplomática. Semejante al mago de la tribu, que pretende halagar a los dioses con un sacrificio simbólico, o al embajador del pequeño

148

país que, en las reuniones de un congreso internacional, principia cada protesta con un párrafo adulatorio, Doña Aurelia, al pronunciar las palabras "pobres pulmones, qué mal me tratan" (en cuya mezcla la piedad y el reproche no se combinan) revela no solamente el terror de un espíritu timorato, incapaz de quejarse de nadie directamente, sino la cortesía tradicional de esas viejas provincias de México —Guanajuato, Querétaro, San Luis Potosí— grandes maestras en el arte de los azúcares, lo mismo cuando el gobierno de una despensa, hecho miel de postre, los consagra al destino de un guayabate que cuando una obligación social los espolvorea, sobre una carta de pésame, en filosófica lluvia de consuelos y de recuerdos.

Las razones que le hacen pensar, a estas horas, cuando nadie ya puede oírla: "pobres pulmones, qué mal me tratan" coinciden con las que la determinan a no dar jamás una orden, por insignificante que sea, sin anunciarla a quien la recibe con la mención de su nombre propio, en diminutivo. "Carmelita, tráeme mi Quina Laroche". (Pronuncia Larrose, tímidamente, para equivocarse menos, si se equivoca). O bien: "Herminia, hija, hazme el favor de ver si ya vino el cartero". El "hijo", "hija", en la mitad de una frase, substituye el diminutivo, en los nombres que gramaticalmente no lo consiente. En cambio, como una invisible justicia endereza todos sus actos, el diminutivo desaparece cuando la frase, placentera en sí misma, deja de merecerlo. Ocurre por tanto que la criada a quien dice "Carmelita", cuando le pide su tónico, no sea sino "Carmela" cuando le da permiso de salir a la calle y se convierte en "Carmen" —Carmen, a secas— los días treinta o treinta y uno del mes, cuando le paga su salario. Para que el nombre recupere su extremidad abolida, basta sin embargo que la muchacha no la mire con alegría, que se le

149

haya muerto un abuelo o, simplemente, que el tiempo se ponga malo, nublado, triste, que comience a sentirse frío —y la perspectiva del paseo que va a emprender en su nombre, a través de las calles y plazas de la ciudad olvidada le inspire, en lugar de envidia, un sentimiento de lástima. Porque, aunque el desencanto, la enfermedad y el constante miedo del polvo la tengan ahora sitiada en un rincón de la pieza, las excursiones de sus criadas le producen, todos los domingos, rencor y gusto. Gracias a ellas, la geografía del Distrito Federal —que no comprueba ya por sí misma— le parece menos remota. Una tarde Carmen le trae, junto con la docena de naranjas que fué a "mercar" en San Juan, todo el trozo vivo del barrio, sus tiendas de abarrotes, su "cine", su iglesia solitaria y sus puestos de frutas o de juguetes. Otro día es Herminia, de regreso de Xochimilco, quien le deja en las faldas, a la vez que un ramo de azucenas, "para el florero de San Antonio", la presencia del lago, sus hortalizas, sus canoas de amapolas y, en los ojos de los remeros, el desfile monótono de sus sauces.

IV

En el armario, adelgazada por el frío, una vena de roble se despereza. Todo el mueble cruje. Hace años, cuando no dormía, Doña Aurelia escuchaba en la noche, no sin angustia, estas quejas de selva mal enjaulada. Ahora, al contrario, casi la regocijan: pueblan su insomnio. Maderas que se retuercen, puertas que gimen... ¿Cuántas, en el curso de la vida, habrán cerrado sus manos? Recuerda una, mágica, con cristales, en una de cuyas hojas vibraba, siempre que la abrían, una campana de cobre. La puerta de su escuela. Y otra, sólida, limpia, esmaltada de blanco:

la de la clínica en que Carlos nació. Pero ésta, grande, labrada, ¿de dónde era?... Ah, sí, la puerta del templo en que Fernando y ella se desposaron. Su marido, un poco antes de morir, insistió, con supersticiosa vehemencia, en que fuera a rezar en él. Doña Aurelia recuerda con claridad los incidentes más nimios de su última estancia en la iglesia. Al apoyar su mano en el picaporte, toda la puerta gimió. Era una hermosa tabla tallada, a la usanza del siglo XVIII, por un buen ebanista de la Colonia. A la densa luz de septiembre —comenzaba el otoño— en la tarde cálida, blanca, cada detalle adquiría interés: la orla de la puerta, los hierros, la moldura del marco, el enmohecido bronce de las bisagras... Antes de entrar en la iglesia, volvió los ojos hacia la calle. Nadie la seguía. Las ventanas, de persianas corridas, y las puertas, de postigos cerrados, comunicaban a las casas cierto aspecto romántico, de ciudad encontrada en una lectura, al azar de una estampa, entre un acróstico —y una violeta marchita. Con la mano apoyada en el picaporte —el contacto del hierro pulido le pareció delicioso— Doña Aurelia no se atrevió a avanzar. ¡Qué prisa por vivir escondía cada uno de esos edificios coloniales, aparentemente dormidos! Otras ciudades están construidas para la lentitud. ¿Por qué le daba México siempre esa idea de estar de prisa? De un balcón estrecho, en el entresuelo de una casa contigua, comenzó a surtir, como del grifo de un lavabo, el chorro de una romanza. "Sobre las Olas"... ¿Qué secos dedos de solterona, en vez de filtrarla entre pliegues sutiles de lino, se complacían en colar esa música transparente, de agua límpida y lisa, con el cedazo de una despensa?

Entró en la nave. Una sola voluntad reunió sus deseos: arrodillarse a los pies de la Virgen. ¿Por qué, de pronto, ese arrebato de misticismo? ¿Estaría vieja ya? No lo creía.

Respiró con fuerza, varias veces, hasta que en la celdilla más escondida de sus pulmones penetrara ese aroma encerrado —de incienso pobre, cirios viejos y maderas apolilladas— que constituía, para su olfato, la memoria del templo. Luego, lentamente, dió unos pasos hacia adelante. Cerró los párpados. A su espalda, como en su infancia, el ruido de la puerta, al golpear otra vez sobre el marco, le causó una impresión de seguridad. Le pareció increíble haberse casado allí, veintiocho años antes, al pie de ese mismo altar. Sin embargo, así era. Se sintió como entonces, confiada, firme. A su lado, un hombre joven le sonreía. ¿Quién le habría comprado esos guantes, demasiado claros y largos? Un tul delgado le velaba la cara. A través de esa niebla de seda, la iglesia entera parecía flotante. El parpadeo de los cirios, el fulgor de los ojos, la calvicie del sacerdote, todo brillaba... todo se apagaba. Pero no eran sólo los ojos de Aurelia los que sufrían de aquel efecto amortiguador de la bruma, exagerada por el incienso. También la música, a sus oídos, llegaba sorda, borrosa, mezcladas todas las notas de la "Marcha Nupcial" de "Lohengrin" al rumor de las voces que destruía, sobre sus tímpanos, el martilleo de la sangre.

Sombras. Sombras... Los labios de Doña Aurelia se posan, ávidamente, sobre los últimos nombres de algunas sombras queridas: la de su marido, la de su hijo Carlos. Los llama en voz baja como si las criadas —a esta hora tal vez despiertas— pudieran hacer burla de su reclamo. Los armarios de las habitaciones cercanas se encuentran llenos de cosas que pertenecieron a aquellos seres. Las corbatas de Fernando, sus trajes, su bastón de puño de oro; los libros de escuela de Carlos. Con especial precisión recuerda de pronto la anciana un cuaderno rojo, de cubierta flexible, en que su esposo anotaba, semana a semana, todos sus gastos. Hace días que el deseo de hojearlo la roe. Su curiosidad la avergüenza, no obstante, como si representara en verdad una injuria para la muerte. Asomarse a las hojas amarillentas de aquel registro ha llegado a resultar para ella, en el fondo, una tentación comparable —en voluptuosidad y en misterio— a la del investigador que despoja las últimas cartas de un suicida. Sin embargo,... la inquietud es en ella, a esta hora, más intensa que nunca. Quisiera, sin causa, recordar con exactitud cómo dibujaba su marido ciertas palabras; cómo eran sus comas y sus acentos. Una sola cifra, por él escrita, un redondo y ridículo 5 la conmovería, en estos momentos, como no consiguieron emocionarla, a los veinte años, las rimas de Bécquer.

¡Si se levantara! A la sola representación del esfuerzo que tendría que hacer para erguirse, todo su cuerpo responde con desaliento. ¡Qué incomprensibles, en la penumbra, los miembros que se entregan sin prisa, sin vértigos, sin violencia, a la desintegración y a la muerte! ¡Ola de sábanas, liana de brazos, agua de miradas en cuyo fondo el terror electriza —como una lámpara en un acuario— aletas, burbujas, bránqueas, todos los sueños de la materia reconocida! ¡Levantarse! ¿Rozar con la punta de un pie friolento el hielo de las tarimas? ¿Buscar en la sombra la bata, las zapatillas de fieltro? Imposible... Alzar un brazo, erguir el busto le parecen realizaciones artificiales. Su imaginación, encrespada por el deseo, como una fuente, va alisándose poco a poco. Nada la riza ya. En su espejo recuperado, sobre la superficie de lo que calla, los rumores del día que principia vuelven a delinearse plácidamente.

Este libro se terminó de imprimir
en marzo de 1992
en Grupo Edición, S.A. de C.V.,
Xochicalco 619, Col. Vértiz-Narvarte,
03600 México, D.F.
Composición tipográfica y formación:
Solar, Servicios Editoriales, S.A. de C.V.,
Andes 51, Col. Alpes.
Se imprimieron 1 000 ejemplares
más sobrantes para reposición.
Cuidó la edición el Departamento de
Publicaciones de El Colegio de México.